全員補欠 全員レギュラー

少年野球界の常識を覆す育成指導論

浦和ボーイズ監督
中山典彦

竹書房

はじめに――野球の楽しさを教えたい

浦和ボーイズは、2009年8月にボーイズリーグ（公益財団法人 日本少年野球連盟）の承認を受け、浦和を拠点に活動を始めた中学生の硬式野球クラブチームです。


「声を出したらうまくなれるの？」

「あいさつはそんなに大切なの？」

「うまくゴロを捕りたい！」

「ちゃんと投げたい！」

「バントは教えてもらったことがないけど適当でいいの？」

「素振りやトレーニングなど、家ではどんな練習をすればいいの？」


子供たちの素朴な疑問、望んでいることと同じ目線で考えながら、3年間で野球の基本を身に付けられるように、一人ひとりの選手に合った指導をしています。

中学クラブチーム指導者の中には、「俺は野球をよく知っている人間なんだ」とふんぞり返っている人を見かけます。その指導者が、大学野球、社会人、プロ野球、どのレベルまで野球をしてきたのかは知りません。でも、どれほど高いレベルまで野球をしていたにせよ、それがいばり散らして指導をしていい理由にはならないと思います。

上手な選手は、指導者がよほど変なことを教えない限りは、勝手にうまくなっていきます。私たち少年野球指導者がなすべきことは、上手な選手をより上手にしていくことはもちろんですが、それ以上に技術の劣る選手の実力を上げていくことだと考えます。それが、指導者としての腕の見せ所であるとも感じています。

先に述べた「ふんぞり返った指導者」は、ただ上手な選手を集め、たいした指導もせずに勝ってひとり悦に入っているだけです。選手たちの力があるから勝てているのに、自分の指導が素晴らしいから勝っていると勘違いしてしまっている。そのような恥ずかしい指導者が、少年野球界にはたくさん存在しています。

私は、「子供たちに野球の楽しさを教えたい」と思って指導を続けています。だから、うまい選手だけを試合に出すのではなく、すべての選手を試合に出場させる方針でチームを運営しています。大会前であっても、全選手が同じ練習メニューをこなします。こういったことを、チーム創設以来ずっと続けています。その結果として、野球人口を増やすことにちょっとでも貢献できればなおいいと思っています。

本書を記した大きな理由は、全国から恥ずかしい指導者をなくし、たくさんの子供たちに野球というスポーツを心の底から楽しんでほしいからです。そのためには、球児のお子さんを持つ保護者のみなさんの考え方を変えてもらう必要もあるかもしれません。

2008年に4名からスタートした浦和ボーイズが、2021年現在それほど強いチームではないのに、なぜ部員数150名を超える大所帯となったのか。本書を読めば、その理由がおわかりいただけると思います。

全員補欠 全員レギュラー

少年野球界の常識を覆す育成指導論

目次

第2章 私の野球人生は東北高校から始まった
恩師・竹田利秋先生との運命的な出会い

第3章

中山流指導論

指導者は選手の見本であれ

第4章 なぜ浦和ボーイズには選手が集まるのか？
私たちのチーム運営方法

第5章 どこに進学しても通用する選手になる練習

第6章　これからの中学野球を考える

第1章

浦和ボーイズ誕生

楽しくやって何が悪い

日本の少年野球の現状

私と浦和ボーイズのことをお話しする前に、まずは今の日本の少年野球（中学野球）に関してご説明しておきたいと思います。

私もそうでしたが、かつて（昭和の時代）は中学校の部活動としての野球（軟式）が少年野球の主流でした。でも今は、高校野球（硬式）の隆盛などもあって、ボーイズリーグやシニアリーグといった硬式の少年野球が主流となってきています。

現在、硬式の少年野球のリーグは全国に6つあり、私たちが在籍する「ボーイズ」の他、「リトル・シニア」「ヤング」「ポニー」「フレッシュ」「レインボー」の各リーグ、さらに「女子硬式野球」のクラブチームも存在しています。

チーム数の上ではボーイズ（約630）とリトル・シニア（約570）が双璧で、その次にヤング（約180）、ポニー（約88）が続く形です。

チーム数だけ見れば「硬式の中学野球チームも結構あるじゃないか」と思われる

方もいるかもしれません。しかし、みなさんご存じのように、野球人口は減少の一途をたどっています。ちなみに、2020年時点で少年野球（学童野球）の人口は約18万人で、10年前の約29万人から10万人以上も減っています。

少年野球の人口が減っている理由として、よくメディアなどで取り上げられているのは、

- 昭和の体質が抜けない古い指導、練習時間も長い
- 当番制など親の負担が大きい
- お金がかかる

といったところでしょう。私はこのどれもが「野球離れ」の理由に当てはまっていると思います。そして、浦和ボーイズでやっているのは、これらの否定です。

本書の中で詳しく解説しますが、私たちが日々行っているのは、

- 今の時代にふさわしい指導、練習メニューの実践
- 当番制などはなくして親の負担をなくす
- お金のかからないチーム運営

です。これらを実践することで、チームの創設時は4名だった部員が13年経った

２０２１年9月現在、１・２年生の2学年だけで１１０名を超える大所帯となりました（引退した3年生は47名いたので、夏の時点では１５０名を超えていました）。

今の時代にふさわしい指導をするには、指導する側が日々勉強して最新の情報、知識をアップデートしていかなければなりません。

「勝つことがすべて」の勝利至上主義は、少年野球には不要だと思っています。最優先すべきは「子供たちに野球を大好きになってもらう」ことです。野球人口を増やしていくには、その原点に立ち返って私たち大人ががんばっていくしかありません。ですから、私たちスタッフは１５０名の選手たちに同じ練習をしてもらい、みんなが試合に出られるように毎週知恵を絞って奮闘しています。

では、具体的にどのような指導をしていけば、子供たちに野球を楽しんでもらえるのか。どういうチーム運営をすれば部員数を増やせるのか、詳しくご説明していきましょう。

少年野球に携わることになったきっかけ

第2章で詳しく述べますが、私は東北高校野球部で3度甲子園に出場した後、中央大学に進学し、野球部で4年間を過ごしました。

高校時代と違い、大学時代はケガなどもあってたいした活躍もできずに終わりました。もしかしたら、高校を卒業した時点で、私は燃え尽き症候群のような状態になっていたのかもしれません。大学でケガをする前は「卒業後は社会人野球に進もう」と漠然と思っていました。でも、大学を卒業する頃にはそんな気持ちはすっかり失せ、「野球ではなく、ビジネスの世界でのし上がってやる」と考えるようになっていました。

大学卒業後、私が飛び込んだのは飲食業の世界です。在学中にアルバイトをしていた飲食店のオーナーが「うちでやらないか」と声をかけてくれて、系列の店で働くようになりました。

持ち前の根性と社交性で、毎日バリバリ働いているとそのがんばりが認められ、やがて『華とキャベツ』という人気店の店長を任されるまでになりました。とんかつとハンバーグが看板メニューの店でしたが、バブル景気にも乗ってとても繁盛しました。

その後、京王電鉄系の飲食事業を展開する会社にヘッドハンティングされ、一生懸命働いているとまた新たに別の飲食事業会社から誘われ、と自分でも驚くほどとんとん拍子に出世していきました。

飲食の仕事にのめり込み、私の夢はどんどんとふくらんでいきました。

「いつかはチェーン店を展開する会社のオーナーになる」

野球をあきらめた私にとって、それが人生の新たな目標になりました。私は社会人となってから結婚もしました。でも、新しくできた家族もまったくかえりみず、ただひたすらに寝る間も惜しんで必死に働きました。

年に一度、東北高校野球部の同期メンバーが集まるＯＢ会が仙台で開かれます。私が飲食業界でがむしゃらに働いていた頃、そのＯＢ会に参加すると、ひとりの同級生が「今、俺は埼玉の学童野球チームで指導者をしているんだ」と言ってきました。

当時の私の心は野球からすっかり離れていたので、そんな話を聞いても「あ、そう」と聞き流す程度で「子供たちに野球を教えて何が楽しいんだろう?」くらいにしか感じませんでした。

何年か経って、同窓会でその同級生が今度は「中学の硬式野球のヘッドコーチをすることになった。内野手を教えるのがいないから、中山も一緒にやってくれないか」と頼んできました（高校時代、私は内野手でした）。

当時の私は仕事が忙しく、土日に野球をやっている暇などありません。性格上、一度やりはじめるとはまってしまうタイプなので、野球指導によって仕事がおろそかになってしまうのが怖いという思いもありました。その同級生には「悪いけど俺、もう野球に携わる気はないから」とはっきり断りの言葉を伝えました。

ところが、その同級生もあきらめの悪い人間で、翌年もその翌年も「なあ、中山、一緒にやろうぜ」とOB会で会うたびに言ってきます。大学卒業後、7年ほど経った頃のOB会で「1日でいいから来いよ」と言うその同級生の言葉に乗せられ、「じゃあ、1日だけな」と私は埼玉のとある中学硬式チームの練習に参加することになりました。

約束通り、1日だけの指導ということで選手たちと触れ合ったものの、次の週になると「あの選手はどうなったかな」と気になります。次の週、またさらに次の週と参加は続き、いつの間にか私は、そのチームで下級生を指導するコーチになっていました。

この時もうひとり、私とともに下級生の指導にあたっていたのが、のちに浦和ボーイズを一緒に立ち上げることになる宍戸鉄弥（現チーム会長）です。宍戸も東北高校の同期であり、彼は高校時代、学生コーチとして野球部にかかわっていました。

宍戸とともに下級生たちの面倒を見ながら、私はチームでの指導を続けました。毎週、野球を通じて選手たちと触れ合っていると、社会人生活では味わうことのなかった充実感を覚えるようになっていました。そして、気付きました。

「自分は大学で野球をあきらめたその喪失感を埋めるために、仕事に熱中していただけなのだ」と。心の奥に封印していた「野球が大好きな気持ち」は、まったく変わっていなかったのです。

心臓の病が発覚――野球に救われた命

指導を始めて1年ほど経った頃のこと。ノックなどをして体を動かした後、息苦しさを感じるようになりました。脈拍も乱れ、時には立っていられないほど息苦しくなります。しかし、それまでも脈の異常を感じることはたまにあり、なったとしてもすぐに回復していたのであまり気にしていませんでした。

野球の練習中、頻繁に息苦しさを感じるようになったため、念のため病院に行きました。すると、心臓に病気の疑いがあるので、すぐに専門の病院へ行くように指示されました。そして専門の病院で細かい検査を受けたところ、私の体は不整脈が常態化しており、ペースメーカーを入れないと命を失う恐れのあることがわかりました。

死ぬかもしれないのですから、ペースメーカーを入れる、入れないで迷っている暇はありません。ほどなくして、私はペースメーカーを入れる手術を受けました。

私が32歳の時のことです。

今でも、私の胸にはペースメーカーが入っていて常時動いています。万が一心臓が止まってしまっても大丈夫なように、ペースメーカーにはＡＥＤの機能も付いています。医療の発展によって、最近のペースメーカーは10年に1回の交換でいいといわれていますが、私の場合は7年ほどのペースで交換を続けています。今のペースメーカーは来年の夏まで持つ予定です。ただ、夏はチームの公式戦も多いため、交換手術のために短期とはいえ入院することは難しい。なのでちょっと早めて、シーズンオフの冬の間に手術を受けてしまおうと今は考えています。

ペースメーカーのおかげで、どんなに動いてもどんなにスポーツをしても、心臓はまったく大丈夫です。今ではペースメーカーが体の一部となり、日常生活の中でその存在を意識することはほとんどなくなりました。

同級生に誘われて中学野球の指導をしていなかったら、私は自分の心臓の異常にまったく気付かず、手遅れの状態になっていたかもしれません。そう考えると、大げさかもしれませんが、私は野球に命を救われたといえます。

それまでの私は仕事に没頭するあまり、家庭をまったくかえりみず、社会でのし上がっていくことだけを考えていました。そんな私に愛想をつかして、妻がふたりの子供を連れて家を出ていったのは私が30代前半の時です。そして離婚してもなお、私は生き方を改めることなく、自分のことだけを考えて生きていました。

しかし、私は中学生たちに野球の指導をすることで、「自分以外の誰かのために生きる」ことの尊さを知りました。

心臓にペースメーカーを入れた私に、宍戸はこう言いました。

「中山は野球に救われたんだ。これからは生まれ変わったつもりで、人のため、野球のために尽くしていかないと」

心の底から、本当にその通りだと思いました。私は、子供たちに野球を教えるために生かされたのだと思います。

「この命を野球の指導に捧げよう」

私はこの時、そう決意しました。

楽しく野球をしていたら、やっかみが……

手術からしばらくして、私は下級生チームのコーチに復帰し、それまで以上に中学野球に深くかかわっていくようになりました。

ホームグラウンドである球場は、上級生たちが優先で使用します。私たち下級生チームは、グラウンドの端っこで上級生たちの邪魔にならないように練習するしかありません。ボールを転がしてゴロ捕球の基本練習をしたり、素振りをしたり、あるいはグラウンドの脇にある坂道でダッシュをしたり……。

でも私には、下級生たちと野球をする時間が、楽しくてしょうがありませんでした。選手たちも私や宍戸に乗せられて、いつも楽しそうに練習しています。練習する場所もなく、何もできないような時は「じゃあ、歌の練習をするぞ！」と言って、選手たちと歌を歌ったりもしました。

練習は集中してやる。整理整頓、道具を大切にする、あいさつなどもちゃんとやる。そういったことができたら、あとは楽しくやろうよ。それが私と宍戸の考え方でした。

とにかく何をしていても楽しいので、練習中は笑い声が絶えません。たいした練習はできませんでしたが、試合の勝率も高く、私たちは充実した日々を過ごしていました。

下級生選手の保護者からは「息子が朝、自分で勝手に起きるようになりました」「積極的に家事などの手伝いをしてくれるようになりました」「部屋の整理整頓をするようになりました」とうれしい声が毎週のように届きます。

私と宍戸は「楽しいとモチベーションも上がり、それが結果として選手たちの力をより一層引き上げてくれるんだ」と確信しました。この考え方は、今の浦和ボーイズの礎になっています。

当時、私たちは楽しく野球をしていた一方で、上級生チームはいつも必死で練習しているのに、なかなか勝てない日が続いていました。そうこうしているうちに、上級生の親たちから「下級生たちは楽しくやって、しかも勝てていいですね」などとやっかみを言われるようになりました。ケラケラ笑いながら私たちが練習をしていると、上級生チームの保護者やスタッフは白い目で私たちを見ています。気付けば、上級生チームと私たち下級生チームの間には、見えない壁のようなものができていました。

私と宍戸は「楽しく練習する」ことを大切にするのと同時に、「下級生チームを強くして毎年、上に上げていけばいい。それがチームに貢献することになる」と考えていました。しかし、監督はそうは思っていなかったようです。

「このままでは、中山と宍戸にチームを乗っ取られる」

そう考えた監督は、私と宍戸を排除するような言動を見せるようになってきました。結局、私と宍戸は追い出されるような形で、そのチームを去ることになってしまったのです。

私をチームに誘った同級生は、ヘッドコーチをしていました。彼には、チームに残って私たちが指導した選手たちを見てもらいたかった。しかし、彼も「なんで中山と宍戸をやめさせるんだ」と監督ともめてしまい、結局チームを去ることになりました。

「もう、選手たちと一緒に練習できない」

その事実が何よりもつらく、悲しかったです。でも、選手の保護者たちは「これから中学生になる弟を中山さんたちに見てもらいたいから、新しいチームを作ってくれないか」と言ってきてくれました。私も宍戸も、中学生を指導する情熱にあふれていましたから、本音はすぐにでも新チームを立ち上げたい気持ちでした。

でも、私たちが新チームを作れば、かつての教え子たちと戦うことになります。私も宍戸もそれだけは避けたかった。なので、私たちは教えた選手たちが卒業するまでは、新チームの創設を見送ることにしました。そして、その選手たちが卒業した2008年、私と宍戸は浦和ボーイズを立ち上げることになったのです（ボーイズリーグから正式に承認を受けたのは翌2009年8月）。

浦和ボーイズ誕生

浦和ボーイズをともに立ち上げた宍戸は、私にとって盟友と呼べる存在です。宍戸は今、チームの会長として、さらにボーイズリーグの東日本ブロック理事としてがんばってくれています。

他のボーイズチームを見ていると、スタッフ構成で意外と多いのは「監督が野球経験者、代表は野球経験のない人」というパターンです。そんな傾向があるため、「一番偉いのは監督」というチームがボーイズには多いようですが、うちは違います。会長が名実ともにナンバー1。チームのみんながそう思っています。

先にお話ししたように、東北高校野球部時代、私は選手で宍戸は学生コーチをしていました。当時監督だった竹田利秋先生（私の恩師であり人生の師でもある方ですので、本書の中で詳しくご紹介していきます）は、甲子園出場通算27回を誇る名将です。

宍戸は学生コーチとして、竹田先生の手足となって選手たちに指示を下す立場だったため、今でも私は「宍戸の言うことは聞かないと」と本能的に思ってしまっている部分があります。そんな関係性があるから、何年も一緒に同じチームの運営ができているのかもしれません。

２００８年、高校時代からの盟友である宍戸と、新たなボーイズチームを立ち上げることになりました。私たちは、まず「どういうチームを作ろうか」と考えました。もちろん、ベースにあるのは、前に指導していた下級生チームの在り方です。それをもとにチームの理念、方針を考えました。その考え方は今でもチームのHPに記されています。

［チームの方針　選手の目標］

1　チームワークを大切にする選手になる
2　日常生活からみんなに信頼される選手になる
3　大きな声で自分の気持ちを伝えられる選手になる
4　野球も日常生活も、簡単なことを正確にやる選手になる
5　野球ができることを感謝できる選手になる
6　練習は厳しく、試合は楽しく
7　つらい時こそ、明るく笑える選手になる

中学の3年間でできることは限られてきます。昨日より今日、今日より明日と、

少しでも確実に成長できたら素晴らしいことです。高校、大学でなかなか教えてもらえない基本（技術以外のことも含め）を一緒に学んでいこうと思います。

子供たちの能力を少しでも引き出せるようにやる気のスイッチを入れます。

この考え方は、今でもまったく変わっていません。この方針に則り、浦和ボーイズは運営されています。

最初は部員4人からスタート
――楽しくやって何が悪い

浦和ボーイズの部員第1号は、宍戸の息子（当時中学1年生）でした。最初は鶴ヶ島ボーイズさんと合同で練習などをさせていただき、体験会などを通じて3人の中学1年生が入部してくれました。

この4人が記念すべき浦和ボーイズの第1期生です。1期生が2年生になると、第2期生が20名ほど入部してくれました。その年（２００９年）の8月にボーイズリーグの承認を受け、浦和ボーイズは埼玉支部の一員として正式に活動を始めました。この頃、私はまだ監督ではなく、正式に監督になったのは2012年からです。

活動初期、チームにはまだ、ホームグラウンドと呼べるような練習場所がありませんでした。そこで手を差し伸べてくれたのが、以前私たちが指導していたチームの選手のお父さんでした。

その選手は、埼玉の強豪校のひとつである埼玉栄に進学していました。強豪校だけあってサブグラウンドも充実しています。すると、そのお父さん（野球部の父母会長）が「小さいけどわりと空いているサブグラウンドがある。私が学校側に話を通すので、使ってみてはどうですか」と話を振ってきてくれました。

当時の私たちは、ホームグラウンドが喉から手が出るほど欲しかったので、知り合いや関係者に対してのべつ幕なしに「使わせていただけるグラウンドはありませんか？」と声がけをしていました。そんな中、元教え子のお父さんが私たちに手を差し伸べてくれたのです。この連絡は本当にうれしかったことを、今でもよく覚えています。

浦和ボーイズ初のホームグラウンドは、内野ほどの広さしかありませんでしたが、私たちにはそれで十分でした。そこで地道に体験会などを続け、第3期生も25名が入部してくれました。うちのチームは以来、1学年の部員数が25名を切ったことはなく、今にいたっています。

1〜3期生くらいまでは、大会に出ても1回戦負けが当たり前でした。しかし、4期生では横浜市長旗杯第3位、5期生でサマーカップ大会準優勝、7期生でジャイアンツカップ予選・埼玉県3位、9・10期生が連続で関東大会に出場するなど、徐々に勝てるチームへと成長していきました。

この頃、人伝にうちのチームに対する悪口をよく聞きましたが、一番多かったのは「人数が多くたって弱いじゃないか」というものでした。

その後、少しずつチーム力がアップして勝つようになってくると、今度は「遊んでいるみたいに楽しくやっている浦和ボーイズだけには負けたくない」と言われるようになりました。

「楽しくやって何が悪いの?」

私はいつもそう思っていました。全国レベルの強豪チームは、厳しい指導のもとハードな練習を積み重ねています。そういった強豪チームにとって、うちのようなチームに負けることは「自分たちのやってきたことへの全否定」と同義です。だからこそ彼らは「浦和ボーイズにだけは負けられない」と思っている。まだまだ、昭和の悪い流れを汲む厳しいだけの指導法、選手を酷使するだけのやり方が全国にはびこっているのが実状です。

２０２１年秋現在、浦和ボーイズには2年生約60名、1年生約50名が所属しています。しかし、埼玉県内にある32のボーイズチームのうち、1年生大会に単体で出られるチームは半分もありません。なぜ、うちにはこれだけ大勢の選手が集まるのか。それを他のチームにも、もっと真剣に考えてほしいと思います。

竹田利秋先生仕込みの最先端の練習法

最近でこそコロナ禍のため控えていますが、うちの練習には「ダンストレーニング」もあります。これは私が高校時代、恩師である竹田先生から課せられた練習でもあります。

私が高校生だった昭和50年代といえば、世の部活はまさにスパルタ全盛。練習中は水も飲めず、それこそぶっ倒れるまでハードな練習を課されるのが当たり前の時代でした。そんな時代にあって、竹田先生は常に最先端の練習法を取り入れていました。そのひとつが「ジャズダンス」だったのです。

野球で上手にプレーするためには、リズム感が欠かせません。バッティングでも、ゴロを捕る時でも、リズム感は必要です。そのリズム感を、ダンスによって体で覚えるのです。

第5章で詳しく話しますが、私たちはボールを使わない練習前のアップに、とても時間をかけます。選手たちにダンスをさせるのも、アップに時間をかけるのも理由は同じです。体のバランスを保つためには、野球で使わない筋肉を動かす必要があります。体のバランスがよくなれば、動きがしなやかになり、ケガをしにくい体になります。選手の体を強くし、技術力を高めるためには、「野球だけしていればいい」という考え方を捨てなければなりません。そのような考え方は、もう時代遅れなのです。

指導者は最先端の知識や情報を常にアップデートして、それを練習に生かしていく必要があります。私は、それを竹田先生から学びました。

最初は小さなホームグラウンドからスタートした浦和ボーイズですが、2014年に現在のホームである「健保組合グラウンド」が使えるようになりました。

創部からしばらくの間、うちのOBは高校に入学して、チームメイトから「どこ出身？」と聞かれて「浦和ボーイズです」と答えると、「ああ、(あの)浦和かー」と嘲笑交じりに言われていたそうです。でも、それが最近では「浦和ボーイズでやってたんだ！」と一目置かれるようになってきたと聞きます。

今でも、うちのやり方に異を唱えるチーム、あるいはボーイズ関係者はたくさんいます。でも、私も宍戸も私たちのやり方を変えようとは思っていません。私たちの力は微々たるものですが、これを続けていくことで、時代が少しずつでもいい方向に変わっていってくれるのではないか。そう信じて、今日もグラウンドで指導を続けています。

荒川の河川敷にある広大なスペースの健保組合グラウンド。
大宮国際カントリークラブに隣接している

私は落ちこぼれ――自分らしく生きる

私は高校時代、甲子園に3度出場し、明治神宮大会でも優勝しました。でも、その後進んだ大学野球ではまったく活躍できず、社会人野球でプレーすることもできませんでした。

私の球歴を知ると、たいていの人は「甲子園に3度も行っているなんて、すごいですね」と言ってくれます。でも、私は大学野球で活躍できませんでしたから、自分のことをすごいなどとはこれっぽっちも思っていません。むしろ、「自分は野球界の落ちこぼれだ」と思っています。

野球界のエリートと呼ばれる人たちは、高校野球、大学野球、そしてその後、社会人野球あるいはプロ野球へと進み、そこで結果を残してきた人たちです。そういった人たちは現役を引退した後も、高校野球以上のカテゴリーのチームから指導者として招かれます。

私が少年野球の指導をしているのは、私が野球界の落ちこぼれだからです。私が優秀な選手だったならば、今頃は高校野球や大学野球、あるいは社会人野球の指導者になっていたでしょう。

でも、私は落ちこぼれだったからこそ、今こうして宍戸と二人三脚で浦和ボーイズを運営し、かわいい選手たちと出会うことができました。その出会い、運命にはとても感謝しています。

ただ、落ちこぼれだからこそ、単なる落ちこぼれで終わりたくないとも思っています。また、選手たちにも私のような落ちこぼれになってほしくない。だから、野球およびスポーツ指導の本を読み漁り、さまざまな講習会などにも参加して、子供たちに令和の時代にふさわしい指導ができるよう、一生懸命勉強しています。

選手たちに「私のような落ちこぼれになってほしくない」と思うのは、何も野球のプレーヤーとしてだけではありません。野球以外の道に進んだとしても、そこで落ちこぼれになってほしくないから、文武両道の大切さを説き、「野球だけうまければいいという時代は、もうとっくの昔に終わった」と話します。「野球だけうまければいい」という時代に生きた指導者が、旧態依然の指導をするから、社会に出て「何もできません」という落ちこぼれが生まれるのです。こういった悪循環は、もう断ち切らないといけません。

これからの時代は、少年野球であっても学力、社会常識、マナー、道徳観念、思いやりといったものもしっかり学んでいく必要があります。だから、私は試合のプレーで叱ることは滅多にありませんが、学校の勉強を疎かにしている選手、整理整頓のできていない選手、約束を守らない選手、独りよがりで自分勝手な言動の選手がいたりすると、烈火のごとく叱ります。それもこれも、私のような落ちこぼれになってほしくないから、そうするのです。

他のボーイズのチームには「元プロ野球選手」という看板だけで、新しい指導法や理論などをまったく学ぼうとせず、昔ながらの教え方、練習法を続けている指導者がたくさんいます。でも、そういった指導者たちは自分を落ちこぼれだとは思っていないため、変わろうとしません。

では、何が彼らを変えてくれるのか。

最も効果的なのは、選手も保護者も、そういったチームには入らないようにすることです。強豪チームに入り、酷使され、潰された選手を私はたくさん見てきました。あるいは、指導者に嫌われて干され、試合に出してもらえず、腐って野球をやめていく選手を何人も見てきました。

「強ければいいのか?」

「強い高校にパイプがあればいいのか?」

「元プロ野球(社会人野球)という看板があればいいのか?」

そういった点を、球児の親である保護者のみなさんにまず見つめ直し、考え直してほしいと思います。野球界の落ちこぼれを、もうこれ以上生み出してはいけません。

第2章

私の野球人生は東北高校から始まった

恩師・竹田利秋先生との運命的な出会い

引っ越し続きの幼少期——運命の地・仙台へ

自分の幼少期を振り返ってみると、私の性格や人間性などは環境や境遇、そして触れ合ってきたたくさんの人から影響を受け、作られたように思います。

私の生まれは東京です。しかし、父が転勤族だったため、幼稚園から中学にかけて埼玉や静岡を転々とするという生活。長くて3年、短ければ1年くらいで引っ越しを繰り返すという幼少期を過ごしました。

何よりもつらかったのは、せっかく仲良くなった友だちとの別れです。新しい学校に移るたび、私は友だちを作るために自分から輪に入る努力をしてきました。私が人見知りせず、初対面の人とも平気で話せるようになったのは、幼少期にこういった経験を繰り返してきた成果だと思います。

また、私の友だち作りに大いに役立ってくれたのが、野球でした。引っ越したばかりでも、クラスの友だちと野球をするとすぐに仲良くなれました。そうやって、私は野球に助けられてきました。

そもそも、私が初めて球技をしたのは、静岡にいた小学校2年生の時のことです。住んでいた町はとてもソフトボールが盛んなところで、私も友だちに誘われて地元のチームに入りました。

今でもよく覚えているのは、バットの持ち方がわからず、右バッターなのに左手を上にしてバットを握り、チームメイトから「バットの持ち方が逆だよ」を笑われてとても恥ずかしい思いをしたことです。

その後、小学校5年生の時に栃木県宇都宮市に引っ越し、ここで初めて野球チーム（学童野球）に所属しました。初めて参加した日にたまたま練習試合が行われていて、私もサービスで出場させてもらいました。すると、初打席になんとホームラン！　ここから私の野球漬けの人生が始まりました。

宇都宮時代は町の選抜チームに選んでもらったりもして、とても楽しい小学生時代を過ごしました。そして中学生になるのと同時に、我が家は宮城県仙台市に引っ越すことになります。これが、私のその後の人生を大きく左右することになる〝仙台〟との運命的な出会いでした。

運命の選択——東北高校へ

宇都宮の小学校を卒業し、父の転勤でたどり着いた宮城県仙台市。その頃の私は、中学野球に硬式野球のシニアやボーイズがあることなどまったく知りませんでしたから、転校先の塩竃市立第二中学校の野球部にそのまま入部しました。

野球部の顧問は野球経験のない先生だったので、私たちは毎日好きなように練習できました。決して強いチームではありませんでしたが、仲間たちと楽しく過ごしたことはとてもよく覚えています。

当時、うちの中学に陸上部はなく、野球部やサッカー部などから足の速い選手がピックアップされて、陸上競技会に出ることが慣例となっていました。短距離走が得意だった私は、1・2年時は100メートル競走に、3年の時には3種競技（100メートル、砲丸投げ、高跳び）に出場しました。

私は、1年生の時点で100メートルは12秒フラット、2年生の時には11秒台で走っていましたから、市内大会では毎回優勝。県大会でもだいたい3位以内にはいつも入っていました。

これほどの成績を残せば、普通なら「高校は陸上部に」と考えてもよさそうなものです。でも、私にはその発想はまったくありませんでした。それほどまでに野球が大好きだったというのもありますし、「高校でがんばれば、俺だって甲子園に行けるはずだ」と勝手に思い込んでいました。たいして強くもない中学野球部の一部員だったにもかかわらず、高校野球の知識がまったくないものですから、勘違いもはなはだしい考えを持っていたのです。

今となれば笑い話ですが、当時の私は「県立、私立関係なく、がんばれば誰でも甲子園に行ける」と本気で思っていました。だから、高校も家にわりと近い、県立に進学するつもりでした。

この時期から父も「高校生の息子を転校させるわけにはいかない」と思うようになってくれて、転勤となっても単身赴任に切り替えてくれました。

先に述べた県立に加え、私は滑り止めとして私立の仙台育英と東北高校の2校を受け、ともに合格していました。

県立の受験日を控えた2月下旬頃だったと思います。東北高校の竹田先生からうちに電話がかかってきました。電話を取った母は「え、東北高校の竹田監督ですか⁉」と驚いていています。私は、高校野球のことなどまったく知りませんでしたから、「なんでお袋は東北高校からの電話に興奮してんだろう？」くらいにしか思いませんでした。

実はうちの母は「大の高校野球ファン」でした。プロ野球のことなどはまったくわからないくせに、高校野球には滅法詳しい。春のセンバツ、夏の甲子園の時期になると、母の生活は完全に「高校野球中心」となります。部活が終わって帰宅しても、夕食が用意されていないことも珍しくなく「あれ、夕飯は？」と聞けば「そんなの自分で適当に済ませなさいよ。こっちは高校野球で忙しいんだから」と怒られる始末。中学生ながら、私はそんな母を見て「変わってんな、この人」といつも思っていました。

竹田先生がうちに電話をかけてきた理由は「一度、本校の練習に参加してみませんか」という勧誘でした。これは後から知ったことなのですが、その前年に東北高校は甲子園に出場しており、将来有望な選手も多く「ドラフトにも数名が引っかかるのでは」と言われていました。夏から秋にかけて、竹田先生はいつにも増して多忙だったため、毎年行っていた「地元中学の有望な選手の視察」がまったくできなかったそうです。そういった理由から、内申書に「野球部」と書いてある生徒に片っ端から電話をかけ、練習参加をお願いしていたのです。

そんな理由を私と母は知る由もなく、高校野球ファンの母は「あの竹田監督から電話があった」と目がハートになっています。私は夏に野球部を引退してから、半年以上プレーしておらず不安はありましたが、母の「いいから行ってきなさい！」という不条理な圧力によって、東北高校の練習に参加することになりました。そして、そこで私は人生の師・竹田先生に初めて会うことになるのです。

人生の師・竹田先生との出会い

母にとって竹田先生は有名人でしたが、私は先生のことなど何も知りません。まったく気乗りのしない練習参加。うちから東北高校は遠かったので、それも当時の私の気持ちを滅入らせました。

グラウンドに行くと、30名ほどの中学生がいました。私たちが守備や打撃練習をしている様子を、竹田先生はずっと見ています。一通り練習が終わると、私を含め3名ほどの選手が監督室に呼ばれ、竹田先生から「ぜひうちで一緒にやらないか」と言われました。

私は第一志望が県立高校だったことと、男子校である東北高校にいいイメージを持っていなかったため「家から遠いので……」とやんわりと拒否しました。すると、竹田先生は「寮だってあるぞ」と返してきます。私が「父がサラリーマンなので、自分も絶対に大学は行きたいんです」と言えば「うちからだって大学には行けるぞ」と先生。私が「父が家を建てたばかりで、うちにはお金がないんです」と子供ながらに知恵を絞って断りの理由を述べても、まったくあきらめてくれません。私は最後に「ちょっと両親と相談させていただいてもよろしいでしょうか」と言って、逃げるように監督室を後にしました。

家に帰り、「竹田先生から一緒にやろうと言われた」と母に伝えると「あんたも甲子園に行けるのかい！」ともう大喜びです。その後はとんとん拍子に話が進み、私は東北高校に進学することになりました。

後々聞いた話によると、竹田先生はあの時学校側に「中山は10年に1人の逸材だから、絶対に取りたい」と交渉してくれたそうです。その後、私は東北高校で3度甲子園に出場したので、母への親孝行は高校ですべて終えたと思っています。

「中学時代のように高校でも野球を楽しもう！」

そんな感覚で入学した名門・東北高校野球部。「夢だった甲子園に俺も行けるんだ」と甘い理想と楽しさばかりを描いて入学しましたが、入寮したその日から私は「高校野球の何たるか」を思い知らされました。そこから、地獄の日々が始まりました……。

親元を離れて初めての寮生活、恐ろしいほどの上下関係、日々の練習の厳しさや長さ、そして休みのなさ……。まさに奴隷のような毎日……。

しかし、慣れとは恐ろしいもので、半年もすると3年生は引退し、そのあたりから常に練習試合に出られるようになると、徐々に昔のような「野球の楽しさ」を感じるようになっていきました。また、野球の奥深さや名門高校の強さの理由を知ることができて、新たな面白さも感じるようになりました。

東北高校は、練習試合も県内の高校とはほとんどやりません。東北地方の強豪校や関東遠征、関西遠征などを繰り返しながら、甲子園を目指します。東北高校の野球、竹田先生の野球に巡り合い、ここから私にとって本当の野球が始まりました。

入学後、イップスになるもベンチ入りできた理由

私が高校に入学した当時、1年生だけで部員数は150名を超えていました。その中で、グラウンドに下りてボールを握れるのは15名程度。運よく私はこの15名の中に入ることができましたが、1週間で部員の半数が去り、1カ月でまた半数が去り、と結局3年になった時に残っていたのは150名中30名弱でした（これでも、当時の歴代の3年生部員数にしてはかなり多いほうです）。30名は最後まで残りましたが、そのうちの半分は公式戦のユニフォームに袖を通したことがありません。

激しい練習と想像を絶する上下関係のプレッシャーから、私は入学してすぐにイップスになりました。キャッチボールでも、内野のボール回しなどでも、先輩は胸

のあたりにストライクを投げなければ捕ってくれません。そして「中山、どこに投げてんだ！」と怒られます。そのようなプレッシャーが積み重なり、私はイップスになったのだと思います。

ひとつ下の学年に、元横浜ベイスターズの中根仁がいました。彼も大学時代にイップスとなり、お互い大人になってからキャッチボールをしていると、周囲から「見ていられない」と言われるほどでした。当の中根本人からも「先輩、コントロール悪すぎですよ」と言われたこともあり、その時は本当にショックでした。

しかし、当時「イップス」という言葉も概念もありませんから、「あれ、何か軽く投げると思ったところに投げられないな」と思う程度でした。自分でも原因はわからないし、どうやって直したらいいのか見当もつきません。軽く投げようとするとイップス症状が出るので、どこに投げるのにもいつも本気。キャッチャーをやった際も、ピッチャーに対していつも思いっきり速球を投げ返していました。

そうこうしているうちに、1年生の秋頃には私はベンチ入りして、試合にも出られるようになっていました。とはいえ、まわりは私より技術的に優れた選手ばかりです。

そこで私は「レギュラーを取るためにはどうしたらいいのか」を一番に考え、「チームのどこが弱いのか?」に着目しました。「その弱い部分を補うような選手になれば、監督に使ってもらえるはずだ」と考え、キャッチャーなどやったことのないポジションにも積極的にチャレンジしました。

当時、竹田先生は「僕はここがやりたいです」と言ってきた選手を断ることはありませんでした。だから、私も積極的に「ここを守らせてください!」と事あるごとにアピールしていました。

飛び抜けた実力を持っていたわけではない私が、1学年の部員数が100名を超える中でグラウンドに立とうと思ったら、そのくらいの積極性がなければいけなかったのです。

2年秋から負け知らずでセンバツに出場

私の在学中、東北高校は3度甲子園に出場し、私は運よく3度ともベンチ入りして甲子園の土を踏むことができました。

最初は2年生の春のセンバツ（1982年）です。この時はレギュラーではありませんでしたが、その後私は三塁手のレギュラーに抜擢されて夏の甲子園に出場しました。

3年生が引退し、私たちの代が主役の新チームとなりました。プロから注目されるようなピッチャーもおらず、私たちの代は周囲からそれほど期待されていませんでした。1学年下には元阪神タイガースの葛西稔と元西武ライオンズの白鳥浩徳がいましたが、この頃はまだ彼らも1年生で発展途上の選手でした。ちなみに元メジャーリーガーの佐々木主浩は私が3年生の時の1年生です。彼も1年生の時は、まだそこまでの力を発揮してはいませんでした。

それほど期待されていなかった私たちが秋の大会に挑むと、なんと県大会で優勝。そのまま東北大会に進出してそこでも優勝を飾り、私たちは各地方の代表チームが集う明治神宮大会に出場することになります。

快進撃は留まるところを知らず、明治神宮大会でも優勝してしまいました。一番驚いたのは、当の本人である私たちメンバーと竹田先生でした。大会開催期間中、私たちは試合のたびに帰り支度をまとめ、都内の宿舎を引き上げていました。勝っては宿に戻り、これで最後かと思いきやまた勝って宿に戻り……。結局のところ、新チームとなってから私たちは無敗のまま、翌春（1983年）のセンバツに臨むことになったのです。

今思えば、他の強豪に比べれば実力に劣る私たちが甲子園に行けたのも、さらに明治神宮大会で優勝できたのも、竹田先生の力があったからです。先生の戦術、戦略によって私たちは勝たせてもらっていました。

打力はないものの、私たちは普段の厳しい練習によって、全国トップレベルの守備力は持っていました。ヒットは出なくても点を取り、その1点をみんなで守り切る。それが当時の私たちの野球でした。絶対的エースもいなければ、ホームランを打てる大砲もいない。そんなチームをやりくりしていた竹田先生は、とても大変だったと思います。

実はこの快進撃を続けていた最中、私はバッティングのイップスというものを経験しました。それは、県大会優勝後に出場した東北大会で起こりました。

投げるイップスだけでなく、打つイップスも経験

秋の県大会で、私は「打席に立てばヒット」と絶好調。打率は8割くらいあったと思います。当然のことながら、打順もクリーンアップでした。しかし、東北大会に進出して「甲子園出場」というプレッシャーを感じたからでしょうか。ある試合から、振ろうと思ってもバットが出てこなくなってしまったのです。

投げるほうのイップスになったのは先にお話しした通りですが、この時代にイップスという言葉はありませんでしたから、私は「なんでバットが出てこないんだ?」と悩みました。そんな私を見かねて、竹田先生はランナーがいないのに私にエンドランのサインを送ってきたこともありました。

私がそんな状態にあったのにもかかわらず、竹田先生は私をレギュラーで使い続けてくれました。しかし、東北大会、その次の明治神宮大会でも、私は先生の期待に応えるようなバッティングができませんでした。

それでも我ながらすごいと思うのは、センバツの大会直前に出た高校野球雑誌の出場選手打率ベスト30に、私の名前が載っていたことです。東北大会、明治神宮大会とあれほど打てなかったのに、新チーム結成以降の公式戦で私の通算打率は4割2分7厘ありました。

東北大会で、私は本当の勝負の恐さを目の当たりにして、その重圧に心が負けてしまったのだと思います。当時の私は、狂ってしまった歯車を元に戻す術を知りませんでした。でも、イップスを経験したことは、今の指導者人生にとても役立っています。今振り返れば、あれはとても貴重な経験だったといえます。

今の私が当時の私にアドバイスを送るとすれば、精神的な面では「失敗してもいいから、ファーストストライクを振る準備をしていきなさい」ということ。さらに技術的な面では「トップの位置だけしっかり決めておけば大丈夫だよ」と言ってあげます。たぶん、それで当時の私は復調できたと思います。

打てなくなった私は、試合が終わってもバットを振りまくりました。もがき苦しんで、振って振って……。なのに、試合になるとなぜかバットが出てこない。だから また素振りを繰り返し、悩みに悩んで……。完全に悪循環に陥っていました。

今、私は浦和ボーイズの選手たちに「自分たちで考え、動く」こと、つまり「自立」を促しているのは、かつての私のような悪循環に陥ってほしくないからです。自分の心身の在りようを冷静に見極め、そこから的確な改善策を自分で探していく。これは自立していなければできないことです。

誰かに教えられないとできない。誰かに言われないとできない。受け身の姿勢で生きている限り、自らの力で窮地から脱することはできません。だから今、私は選手たちに自立の大切さを説き続けています。

ちなみに、明治神宮大会優勝の翌春のセンバツに出場した私たちは、1回戦の長浜北には4－2で勝利したものの、2回戦で大社に5－6と競り負けました。その後、私たちにとって最後の夏の大会では県大会を制することができず、甲子園出場はこの時のセンバツが最後となりました。

竹田野球の神髄

本項では、私の恩師である竹田先生について、詳しくお話ししていきたいと思います。

竹田先生は、自身の現役時代に和歌山工の三塁手として、1958年のセンバツに出場しています。先生はその後、國學院大に進学し、主に学生コーチとして選手を指導しました。

大学卒業後、1968年に東北高校の監督に就任。1985年の夏まで東北高校で指揮を執ったのですが、先生が監督をやめることを知った当時の宮城県知事が「これほどの逸材を宮城から出してはいけない」と自ら橋渡し役となり、東北高校のライバル校である仙台育英の監督に就任させたのは有名な話です。

竹田先生は1985年の秋から95年夏までの10年間、仙台育英で監督を務めました。竹田先生の後を受けて仙台育英の監督に就任したのは、東北高校時代の教え子である佐々木順一朗さん（現学校法人石川監督）でした。

東北高校と仙台育英の両校で、竹田先生は春夏合わせて27度甲子園に出場、通算30勝を記録しています。1996年からは先生の母校である國學院大の監督に就任。2010年8月からは、総監督として野球部を見守っていらっしゃいます。

各時代の教え子にプロで活躍した選手（あるいは活躍中の選手）も多く、東北高校での教え子は佐々木主浩（元シアトル・マリナーズ）、葛西稔（元阪神タイガース）、斎藤隆（元ロサンゼルス・ドジャース）など。仙台育英では大越基（元ダイエー・ホークス、現早鞆監督）、金村曉（秀雄、元北海道日本ハムファイターズ）など。國學院大では渡辺俊介（元千葉ロッテ・マリーンズ）、矢野謙次（元読売ジャイアンツ）、嶋基宏（現東京ヤクルトスワローズ）、聖沢諒（元東北楽天ゴールデンイーグルス）など錚々たる顔ぶれがそろっています。

毎年、新年を迎えた1月上旬には、竹田先生の誕生日を祝う「竹友会」が都内で開催され、先に挙げた元プロ野球選手はもちろん、各時代の教え子たちが先生を囲み、懐かしい話に花を咲かせます。コロナ禍となってからはこの会も開催されていないので、今は一刻も早くコロナ禍が落ち着くことを祈るばかりです。

私は東北高校に入学し、竹田野球と出会い、そこで初めて「本当の野球」を知りました。竹田先生は当時からメジャーリーグなどの最先端の野球理論やトレーニング法を学ばれていて、先に述べたダンストレーニングの他、真冬には温水プールでのトレーニングなども当時から実践されていました。

私たち選手は、竹田先生に言われるがまま練習をしていただけですが、今振り返ると40年も前にずいぶんと先鋭的な練習プログラムをこなしていたなと感じます。竹田先生の野球をひと言で表すとすれば、「セオリー野球」となります。あるいは「基本をもっとも大切にする野球」といってもいいかもしれません。

ランナーが出て、足があれば走る。ないなら犠牲バントで送る。高校入学後のミーティングで竹田先生から「お前ら、犠牲バントは英語でなんていうか知っているか？」と尋ねられました。もちろん、答えられる選手などひとりもいません。先生は私たちに「犠牲バントは英語で〝サクリファイスバント〟というんだ」と丁寧に教えてくれました。

打撃も守備も基本を徹底。その上で、1点を取りに行くため、あるいは1点を死守するための応用を積み重ねていく。私たち選手は、来る日も来る日も試合で竹田野球を実践するための練習に明け暮れました。

「ミスをする選手は絶対にベンチ入りできない」

選手全員が、それを理解していました。

練習中には竹田先生から強く叱られもしましたが、試合中の先生は冷静沈着。喜怒哀楽をまったく表に出さず、試合の流れ、選手一人ひとりの状態を見極めていらっしゃるようでした。先生のその鬼気迫る雰囲気が、私たちにいい意味での緊張感をいつも与えてくれていたと思います。

浦和ボーイズの監督となったばかりの頃、まったく勝てずに「どうやったら勝てるんだろう?」と私は悩みました。もちろん、今でもいろいろと悩みは尽きないのですが、そんな時私はユーチューブにアップされている過去の先生の試合を見ます。

竹田先生の采配を見ていると、「ここはスクイズだな」という時は確実にスクイズをしてきます。外されたとしても、次にまたスクイズをする。バントも同様です。バントを失敗して2ストライクになったとしても、先生はバッターにバントをさせます。一度こうと決めたら、徹底してそれを貫く。

監督になったばかりの頃の私には、竹田先生のような強さ、覚悟がありませんでした。先生の過去の試合を見て、私も「やると決めたら、絶対にやり抜く」と決意を固めました。だから、うちの選手たちにも「俺は送りバントと決めたら、2ストライクになってもサインを出し続けるからね。だから2ストライクまでいかないよう、バントの練習もしっかりやってください」と話しています。

私は、竹田先生のような立派な監督にはとてもなれません。でも、だからこそ、せめて試合では選手たちにのびのびと戦ってほしいと思い、「大丈夫、大丈夫」「気にするな」「絶対逆転できるから」と、勝っていても負けていても、選手たちと笑顔でコミュニケーションを取るようにしています。

竹田先生の教えが今の私の指導に生きる

私の高校時代、竹田先生の指導はとても厳しいものでした。しかし、私はその裏にある先生の愛情と、高校野球に懸ける覚悟をいつも感じていました。あの3年間があるから、今の私がある。それだけははっきりと言うことができます。

今、私は浦和ボーイズで「選手たちの野球の技術を高める」ことより「人間性を高める」ことに主眼を置いています。これはひとえに、竹田先生の影響によるものです。

竹田先生がよく言っていた言葉があります。

「指示待ち人間になるな。何か言われないと動けない人間は、野球をやっても動けるわけがない」

「ずるい人間はそれが野球に出る。そのずるさは弱さであるから、結局はミスとなって試合に表れる。だからそうならないよう、何事においても常に堂々と、常に真摯に取り組まなければならない」

「うそはつくな、人をだますな」

「野球にはその人の本質すべてが出る。強い気持ちも、弱い気持ちも、そのまま出る。ならば、その弱い気持ちをどうやって消していくのか。それには日々厳しい練習を乗り越え、心身ともに強くなっていくしかない」

竹田先生はそうやって日々、私たち選手の人間性を問いながら、野球の指導をしていました。

今、私は先生から教わった通りに、浦和ボーイズの選手たちにも「人間性を高める」ための問いかけをいつも行っています。竹田先生の教えを今の中学生に理解してもらうには、どのように伝えればいいのか。その点にもっとも気を配っています。竹田先生は言っていました。甲子園に行くための第一歩は「玄関の靴を並べる。お弁当箱を自分で洗う。そこからだ」と。これは今の中学生にも十分できます。だから、私も同じように「弁当箱は自分で洗うんだよ。靴は自分のだけでなく、全員の靴をきれいに並べるんだよ。そして、それを毎日継続するんだ。その継続が野球に生きてくるんだよ」と、監督になってからずっと言い続けています。

高校時代、竹田先生から毎日のように叱られていましたが、それが次の日まで続くようなことは一度もありませんでした。その瞬間は選手のことを本気で叱り、終わればノーサイド。気付けば、私も先生と同じような接し方を選手たちにするようになっていました。

竹田先生は「選手たちに何か悪影響を与えてはいけない」「選手たちに何かあったらすぐに対応しないといけない」ということで、たばこは吸わない、酒も飲まない、車の運転はしないという生活をしていました。子供たちを指導するために、自分の人生をここまで律していた人を、私は竹田先生以外に知りません。先生のような素晴らしい指導者にはなれなくても、先生に教わってきたことを今の選手たちに伝えていくことはできます。私は私のできることを実直に、真摯にやり続けるだけだと思っています。

私にとって必要だった「大学時代の失敗」

高校3年生で進学先を決める際、私の頭には「東京に出る」という思いしかありませんでした。仲間たちは東北福祉大やその他地元の強豪大学に進む選手が多い中、私は東都大学野球連盟に属する中央大学に進学しました（進学理由は、高校時代の先輩が中央大にいたからなのですが、その先輩は練習中の熱中症が原因で、私が高校3年の最後の夏を戦っている最中に亡くなってしまいました。そのことに関してはＰ１４２で詳しく述べます）。

ただ、私が大学に進学した１９８０年代当時は、今のような情報化社会ではありませんでした。私は先輩の影響もあって「中央大に行く」と決意しましたが、中央大野球部がどのようなチームなのか、どれほどの強さなのか、そもそも東都大学野球はどんなものなのか。そういったことを、何ひとつ知りませんでした。

思えば、小学生時代に初めて打席に立ってホームランを打ったり、あるいは東北高校の体験練習に参加して竹田先生の目に留まるような活躍をしたりと、私は節目節目の一発勝負にどうも強いようです。中央大にも、もちろんセレクションがありました。私は、使い慣れていない木製バットを持ってセレクションに参加したのですが、ここでも神がかり的にいい当たりを連発しました。あの時、私の後ろには亡くなった先輩が付いていてくれたように思います。先輩が私に力を貸してくれたから、私はセレクションでいい当たりを連発し、中央大に行けることになったのです。

大学に入学し、私は「東都には、1部と2部があるのか」と初めて知りました(当時の中央大は1部)。今改めて振り返ると、その程度の知識でよく中央大に入学できたものだと思います。

現在、中央大の野球部の寮は八王子にありますが、私が在学していた時代は、立野町(練馬と武蔵野市の間ぐらい)に寮があり、夜な夜な吉祥寺に繰り出しては仲間とどんちゃん騒ぎをしていました。

3年生になり、私はベンチ入りを果たします。しかし、いい加減な気持ちで野球をしていたから罰が当たったのだと思います。私は自主トレをしている最中、古いバッティングマシンで右手の指を挟み、指先に大ケガを負ってしまいました。

せっかくベンチ入りできたのにケガで長期離脱を余儀なくされ、ケガが癒えても指先の感覚が戻らず、ボールをまともに投げることもできません。でも、それもこれもすべて自業自得でした。田舎者が東京に出てきて、きらびやかな街の中で遊ぶことを覚えてしまった。大学時代の私は、高校の時のように一生懸命野球をしていませんでした。その罰が当たったのです。

ケガでチャンスを失った私は、そこから人生をやり直そうと「高校野球の監督になろう」と思いました。そこで、教職課程を取りはじめましたが、3年生の途中までいい加減な生活を送っていたため、4年の卒業時までに必要な教職課程を履修することができませんでした。

不完全燃焼で野球に未練を残したまま、なおかつ高校野球の監督になる目標も果たせなくなり、私は「こうなったらビジネスの世界でのし上がってやる」と半ば投げやりに気持ちを切り替えました。

大学時代の私は、間違った生き方をしていました。ひと言で表せば、私の大学時代は「失敗」です。でも、それは私にとって必要な失敗でした。それだけは、今はっきりといえます。

浦和ボーイズの選手たちには、私のような失敗をしてほしくありません。だから、自分の将来と本気で向き合い、自分で考えられる力を身に付け、人生を切り開いていってほしい。私にとって、大学野球は高校野球よりはるかに楽しいものでした。そんな楽しい野球を、私は自ら放棄してしまいました。

だから今、私は浦和ボーイズの選手たちにこう言っています。

「大学野球は楽しいよ。だから、大学まで野球をやってみたらいいと思う。ただし、本気でね」と。

中山流指導論

指導者は選手の見本であれ

入団時の説明会で浦和ボーイズの方針、指導法、練習内容などを説明

浦和ボーイズの基本方針に関しては第1章でご説明しましたが、では普段どんな指導をしているのか、練習にはどのような心構えで取り組んでいるのか、そういった具体的なことを第3章、4章ではご説明していきたいと思います。

浦和ボーイズを理解していただくには、入団時の説明会で配布している資料を見ていただくのが一番いいでしょう。それが次です。

【入団説明会・配布資料】

◎**『チーム方針』**

・高校野球につなげる
・野球の楽しさを伝える
・追い込まない
・ケガや故障をさせない

・人間力
・考える
・人数制限しない
・自立
・よいチームができれば勝てる

◎『**練習**』

・全員同じ練習
・教えすぎると考えなくなる
・正しい体の使い方を指導
・小学生は神経回路、中学生は循環器
・トレーニングやダンス、体操
・意識をさせない指導
・体を自由に使う練習
・筋トレはしない、体幹と自重メイン
・雨の日は勉強会、室内練習
・ハウスルールあり

・午前中は体の使い方、午後から実戦的な練習

◎『**練習時間**』
・あえて9時集合
・長すぎる練習はしない
・余力を残す
・疲れすぎると成長ホルモンが出ない
・睡眠時間確保、身長
・熱中症対策（選手には絶対に無理をさせない）

◎『**試合**』
・練習試合は全員出場
・公式戦も基本的には全員出場（ただし3年生全国予選などは選抜）
・支部大会や県外大会などチームを分けて参加
・下の学年との入れ替えはなし（学年ごとにチームを編成）

・全員補欠・全員レギュラー
・支えて支えられる
・遠征の場合、電車利用可
・必要以上に競わせない

◎『**食事**』
・食事の勉強会
・1キロご飯はやらない
・12時集合時には補食あり
・帰りにコンビニはできれば禁止

◎『**道具**』
・ヘルメット、バット、肘当て、捕手防具、ボール、ファーストミット、キャッチャーミットはチーム持ち（フットガードは個人持ち）
・スパイクは試合用と練習用を分けて使用

・ボーイズリーグ指定メーカーの道具を使用（最初は軟式用でもＯＫ）
・練習用帽子、セカンダリーシャツ
・公式戦ユニフォーム一式、グラウンドコート（7月採寸）
・バッグは希望者のみ

◎『当番など』

・当番や係はなし
・父母会なし
・審判とアナウンスのご協力のお願いはあります
・送迎や道具運搬のご協力のお願いはあります
・保護者の方はグラウンドで指導はしないでください
・ノックは人員不足の場合はお願いすることがあります
・グラウンド整備、準備、片付けは選手たちがやります

◎『グラウンド』

・ホームグラウンド利用率　80％
・高校のグラウンド（秀明栄光、浦和実業、麗明、埼玉栄）
・その他（ふじみ野、飯能市民球場、東松山球場、鴻巣フラワー球場、毛呂山大類グラウンド

◎『合宿』（※現在はコロナ禍のため休止中）
・新チームとなった8月末（2泊3日）に開催
・3年生になる直前の3月に行うこともあります（1泊2日）

といったところが説明する主な内容です。

一通りご説明した後、私は「うちを選んでいただいたことを後悔させないように、スタッフ全員で最大限努力します。私たちの目標は、入っていただいた団員全員を幸せにすることです」と必ず言います。青くさい言葉かもしれませんが、これは自分自身で覚悟を決めるための決意表明でもあります。

また、チームでは私が事務局長のようなものなので、保護者の方々には「疑問、

提案などあればいつでも私に言ってください」と伝えています。話はすべて聞きます。ただ、お聞きした上で「それはできません」ということがあれば、正直にその理由をお話しします。あるいは「そのほうがいいですね」というご意見は、すぐに採用させてもらいます。

私たちスタッフが、すべて正しいわけではありません。よいものがあれば、みんなが幸せになれるのであれば、新たな方法、手段を随時取り入れていく。そういった風通しのよいチーム運営をいつも目指しています。

それでは次項から、説明会資料にもあった主だった項目に関して、詳しくお話ししていきたいと思います。

負けていいじゃないか
――負け癖が付く、付かないは指導者次第

そもそも、中学野球のクラブチームは何のために存在するのでしょうか？　みなさんは、クラブチームの存在理由は何だとお考えですか？

今まで、私は自チーム、他チーム問わず、たくさんの球児、保護者と接してきました。そんな中で、上昇志向の強い親子ほど「強豪クラブチームに入れば、強い高校に進めるから」と考えているようでした。そのような人たちにとって、クラブチームの存在理由は「進路のため」でしかありません。ただ、私はその考え方を否定はしません。

クラブチームは進路のためにある。その考え方も大いに結構ですが、「強いチームでなければ、強い高校に行けない」と考えるのは間違いです。うちは別に強いチームではありませんが、県内外の強豪校へたくさんの選手を送り出しています（第4章で詳しくお話しします）。

そうなると、浦和ボーイズも「進路のため」という親御さんたちの要望を満たしていることになります。とするならば、「強い・弱い」とか「勝つ・負ける」といったことは、クラブチームの存在理由にはなり得ません。

2021年度の1年生は現在60名ほどいます。私たちは、すべての選手に試合に出てほしいので、その60名を3チームに分けて1年生大会に参加しました。

チーム分けは均等です。他のチームであれば、野球がうまい順番に選手をそろえ、

A・B・Cにランク分けするのでしょうがうちは違います。投手の人数も、野手の力量も均等に分けて、全員が出場できるようにベンチワークをします。

野球技術に優れ、かつ身体の大きな選手ばかりでチームを編成すれば、勝てるチームになるのかもしれません。でも、私たちはそうはしません。

「学年全体で戦う」というチームワークを作っていくためにも、練習試合などではいろんな組み合わせを試し、全員で野球をプレーしてもらいます。

One for all. all for one.
ひとりはみんなのために、みんなはひとつの目的のために

これを、選手みんなに体感してもらいたいと思っています。

負けることは必ずあります。負けないチームなどありません。何度も何度も負けるかもしれません。それでもなぜ負けたかを分析して、それぞれが考えて、また練習に励みます。

「そんな戦い方をしていたら、選手たちに〝負け癖〟が付いてしまうのでは？」

そんなふうに言ってくる人もいますが、度重なる敗戦を負け癖にするか、しないかは、指導者の導き方次第ではないでしょうか。

負け続けた時、「どうせ勝てるわけがない」とか「やっても無理でしょ」と選手たちに思わせてしまうのは、指導者の責任です。

「今日の負けを明日の勝利にどう生かすか」

私は常にそう考えるようにしていますし、選手たちにもそれが大切だと言い続けています。

選手たちに負け癖を作ってしまうのは、負けた時に指導者が短所やマイナスな部分ばかりを口にするからです。選手の心をダメにする指導者のそんなやり方が、負け癖を作るのだと思います。

負けたら、どうすれば勝てるのかを考えて練習していく。それを繰り返して成長していけば、必ず勝てるチームになります。2021年夏に引退した3年生たちは、そういうチームでした。勝てない時期が長く続きましたが、何が原因なのかをみんなで話し合い、一生懸命に練習して、強豪と渡り合えるチームになりました。

だから、負け続けてもいいのです。

今日の負けを明日の勝利に生かすために、何をすればいいか考えて練習しましょう。人は負けることで成長できるのです。

言うだけの指導者には誰も付いてこない
――指導者は選手の見本

私は練習が終わったら、履いていたシューズを必ず洗います。そして明くる日、グラウンドに行く時にはきれいなシューズを履いていきます。

普段、私は選手たちに「スパイクを磨きなさい」と言っています。それなのに、私の履いているシューズが汚かったら、選手たちはどう思うでしょうか？　指導者の言っていることとやっていることが違ったら、説得力は皆無です。

自分の言ったことを選手たちに聞かせようと思ったら、少なくとも指導者はそれを実践していなければいけません。それができていなければ、指導者は子供たちに何も言う資格はないと思います。

他チームの練習を見ると、たまにジャージを着て指導している指導者を見かけます。選手たちはユニフォームで練習をしているのだから、指導者もきれいなユニフォームを着て練習に臨むべきなのに「大人は別にユニフォームでなくてもいい」、そんな考え方の指導者が実に多いように感じます。ひどい指導者になると、夏に半ズボンを履いて指導している人もいますが言語道断です。私たち指導者は選手たちの見本となるべく、常日頃から正しい行動を心がけ、自分を律していかなければならないのです。

うちのヘッドコーチである加藤元康コーチ（私と同じ東北高校出身）が、ある日私に「中山監督を見ていると竹田先生を思い出します」と言ってきたことがありました。思い返せば、竹田先生もグラウンドではいつもきれいなユニフォームを着ていました。私たち東北高校ＯＢには、今でも高校時代の竹田先生の教え、竹田イズムがしっかりと根付いています。

練習試合、公式戦問わず、試合前に選手たちがアップやキャッチボールをしている際、ベンチでふんぞり返っている指導者もたくさんいますが、うちではそれは許しません。

「指導者は常に選手たちのそばにいる」

これは、浦和ボーイズ立ち上げ当初から、宍戸会長が言い続けているチームの方針です。だから、私たちは会場に着いてからずっと選手たちのそばにいます。アップの際も選手たちと言葉を交わしながら、各選手の表情、動きを見てその日の調子を判断します。

これは、指導者にとって有益だから行っているだけではありません。指導者がそばにいれば、選手たちも安心します。そしてその流れのまま、試合にもスムーズに入っていけるでしょう。最初は会長に言われるがまま、選手たちのそばにいることを続けていましたが、いつの間にかそれが指導者たちに身に付き、チームの決まり事として定着しました。

会長から言われていることは他にもあります。

「長いミーティングはやめろ」

ミーティングでああでもない、こうでもないとだらだら話し続けても、選手は誰も聞いていません。ミーティングをするなら、要点をひとつかふたつに絞って短く。これが浦和ボーイズの決まりです。

また、私は練習中にどんなに叱っても、練習終わりに選手が集合した時に面白おかしい話をして、選手たちを笑顔で帰宅させるようにしています。野球は楽しいスポーツです。だから、選手たちに暗い気持ちのまま帰ってほしくない。私の中の決まり事として、今後もこれを続けていきます。

教えすぎない——選手たちの自立性を促す

試合は経験値を上げる場所、そして練習したことを試す場所だと思います。だからうちの練習では「試合の中で勝つためにどう戦うか」という戦術なども、選手たちにしっかり学んでもらいます。

「試合は楽しく、練習は厳しく」

ここまで述べてきたように、練習は楽しくやるのが基本ですが、自分に対しては厳しく、妥協のない練習をしてほしいと思っています。私は練習に重きを置くので、練習でやってきたことがちゃんと意識されているかを、試合でチェックするようにしています。

どんなに丁寧に指導しても、選手が意欲的に練習に取り組んでくれなければ、それは身に付きません。そんなことから、浦和ボーイズでは選手たちの自立性、自主性を促すために「教えすぎない教え」を実践しています。

こちらから「こうやれ」「ああやれ」と口うるさく押し付けても、選手自身が「変わりたい」と本気で思ってくれなければ、選手のためにはなりません。指導の中で「こうしたほうがいいんじゃない？」と提案はしますが、あとは本人がやるかどうか、意欲を持って取り組むかどうかに懸かっています。

「教えすぎない教え」は「型にはめない」ということにもつながります。「これだけは絶対に守ろうね」という基本は教えます。でも、それ以外は自由でいい。その選手なりのオリジナリティを出してくれればいいと考えています。なぜなら、それが結果として選手のベストパフォーマンスを生み出すことになるからです。

そういった理由から、うちのコーチングスタッフは「手がこうなってる」「足がこうなってる」とパーツ、パーツで細かく教えることはしません。まず、動きがよくない原因がどこにあるのかを探ります。そしてそれを改善するためには、直接その部分を指摘するのではなく、別の部分の動きや姿勢を意識させます。

例えば、ピッチャーの腕がしっかり振れていないと「腕をしっかり振れ」と指導するコーチは世の中にたくさんいます。でも、うちでは「猫背になってるからじゃない?」とか「真っすぐ立てていないからだよ」と、その選手にもっともふさわしい改善方法を探り、声がけをするようにしています。

選手たちにそういった指導を続けていくと、選手自身が「自分の体がどう動いているのか」を理解するようになります。この繰り返しによって、選手は自発的に問題解決を図るようになります。

選手によかれと思い、丁寧すぎる教え方をしている指導者は世の中にたくさんいます。でも、真の意味で選手の成長を願うのであれば、時間はかかっても「教えすぎないように教える」ことが大切なのです。

選手自身が本気で変わりたい、成長したいと思うようになれば、指導者に自分のほうから質問をしてくるようになります。

「与えられることを待っている選手」
「自分から『動きを見てほしい』と聞きに来る選手」
どちらの選手のほうが成長スピードは早いか? その答えは、もはや言うまでもないでしょう。

大人しい性格だから聞きに行けない？　それは自分を変えられない選手です。成長のため、目標を達成するためには、苦手なことにチャレンジしていかなければいけません。

だから、浦和ボーイズでは選手の自立を目的として練習を重ねています。グラウンドには、自分を変えるきっかけがたくさん転がっています。

うちの練習には、

「システム練習（全体練習）」

「スキル練習（個人練習）」

の2種類があります。

システム練習では、全員が理解できるようしっかりとした指導を行います。スキル練習では、それぞれの選手に課題を与え、疑問や改善点を見つけてもらうようにしています。スキル練習が「数をクリアするだけの練習」になってしまうと「変わる」ことも、「成長する」こともできません。

「人間力が上がれば考え方が変わり、野球が変わる」

これは、私が長年野球に取り組んできて感じている真実です。

だから、選手たちには不平不満や妬みや嫉妬、さらには自身の消極性、臆病さ、そういったものが成長を遅らせていると理解してほしい。与えられた場所で精一杯プレーすることに終始していれば、自ずと自分の行きたい場所でプレーすることができるようになります。

「見てくれない……」「してくれない……」と、与えられることを待っているだけの選手に成長はありません。自主性、自立性を持って生きることで、人は成長していくのです。

野球は失敗をするスポーツ
――その失敗からいかに学ぶか

よくいわれる話ですが、プロ野球のバッターであっても3割打てば優秀とされます。ということは10回中、7回は失敗しているということです。つまり、野球は「失敗をするスポーツ」といってもいいと思います。

野球は失敗するスポーツなのに「ミスをするな！」と、失敗を許さない指導者が世の中にはたくさんいます。でも、それは時代遅れの「昭和の野球」です。守備でエラーをした……、バントを失敗した……。では、その失敗を繰り返さないためには何をしていけばいいのか？　自分には何が欠けていて、何が必要なのか？　それを選手自身に考えてもらいます。失敗は、多くのことを教えてくれる貴重な機会なのです。

選手は自分で考え、練習に取り組むようになります。それはその選手にとって、とてもいい循環を生み出します。

「自分で考えた練習に取り組める環境」

⬅

「楽しい」

⬅

「モチベーションが上がる」

⬅

「野球がうまくなる」

急がば回れ。選手たちの成長を願うのであれば、このように自分で考え、それを実践できる環境を整えてあげることが先決です。

浦和ボーイズでは、自分がした失敗だけではなく、他の選手がした失敗からも学べるように配慮しています。例えば、内野ノックの際に誰かがミスをしたとします。私は気になったミスがあれば練習を止め、そのミスがなぜ起こったのか、どう改善していくべきかを説明します。

でもその説明は、ミスをした選手だけに言っているのではありません。「誰かに説明していることは、みんなにも理解してもらいたいことです。だから、自分のこととして聞くようにしてください」と選手たちにはいつも言っています。

先に述べたように、うちでは「試合は楽しく、練習は厳しく」が基本です。ですから、試合中にエラーをしたとしても、それをとがめるようなことはしません。ただその代わり、試合後の練習において「なぜエラーしたのか?」を振り返り、「では、どういう練習が必要なのか?」「どういう気持ちで練習に取り組む必要があるのか?」という改善策を、選手たちに徹底的に考えてもらうようにしています。

ランチミーティングで指導者間の意思統一、情報共有を図る

現在、浦和ボーイズにかかわっているスタッフは左記の通りです。

- 会長　宍戸鉄弥
- 代表　斎藤基治
- 副代表　吉田佳子、佐々木博
- マネージャー　浅見友里
- 監督　中山典彦
- ヘッドコーチ　加藤元康
- コーチ　三浦光彦、武井利之、小林康浩、吉田操、佐藤源一郎、栗本晃輔、河野翔悟、高瀬勇哉、飯村俊祐、福井崇、宮岡大輝、中平秀樹

代表、副代表、マネージャーは卒団したOBの保護者が残り、務めてくれていいます。いずれの方々も浦和ボーイズの方針に共鳴して、お子さんが卒団した後もチームに協力してくれています。

実際にグラウンドで選手たちに指導を行うのは、監督である私とヘッドコーチの加藤、そしてコーチたち12名です。会長の宍戸は、ボーイズリーグの東日本ブロックの理事になったため、昔ほどグラウンドにいることはできませんが、可能な限り練習を見てくれています。

コーチの中には、浦和ボーイズを卒団したOBもいます。学校の先生になりたいと思っているOBコーチもおり、彼は中学の先生となり、ゆくゆくは野球部の監督もしたいので、そのための修行としてうちでコーチをしてくれています。

私や宍戸の考え方をコーチ陣に周知するため、ミーティングは頻繁に行っていいます。ホームグラウンドで練習する際は、昼ごはん（私がお弁当を買ってきます）を食べながらの「ランチミーティング」を必ず行うようにしています。

以前は練習後に会場を借り、そこでコーチたちを集めてミーティングをしていました。しかし、そのパターンだと予定が入っていて来れないコーチもいます。ならば、みんなのそろっている練習中にやろうということになり、ランチミーティングが始まりました。

昼ごはんを食べながら、私は課題や問題点、練習プランなどを全コーチと共有します。また、若いコーチの選手への声がけなどで気になった点があれば、それも漏らさず指摘、改善してもらうようにしています。

このように、チームの方針、やるべきことをブレることなく貫いていくには、指導者の意思統一は欠かせません。コーチ同士のコミュニケーションをランチミーティングで図り、意思統一をしていく。これが浦和ボーイズの基礎を担っています。

うちのコーチ陣は時間を守り、身なりを整え、ゴミを拾い、自分のことは自分でやります。これらは細かいことですが、選手たちの模範にならなければ信頼関係は作れません。

野球の指導者には、誰でもなれます。でも、本物の指導者にならなければよいチームは作れませんし、選手たちとの信頼関係も築けません。

人に教えるという立場をしっかり認識して、選手たちから信頼してもらえるように行動しようと、スタッフ一同いつも心掛けています。

本気で叱る、本気でほめる

「人間性で野球をやる。人間性が野球に出る」

恩師、竹田先生の教えです。

浦和ボーイズでも、野球以前に選手たちの「人として」の部分はしっかりとしつけていきます。指導にも、しつけにも妥協はしません。絶対に手を抜きません。素直に、謙虚に、真摯に野球に取り組むことを、中学の3年間で選手たちに知ってもらいたいと思っています。

選手たちがやるべきことをやっていないと感じたら、私は猛烈に叱ります。ただその際、感情をぶつけるだけの怒り方にはならないよう気を付けています。選手を指導している時は、感情のコントロールをしっかりしないといけません。

選手を叱る時、そこに絶対に必要なものがあります。それは「信頼関係」です。だから、私が入部したばかりの1年生を叱ることはありません。選手を叱るにしろ、ほめるにしろ、それが指導者からの押し付け、一方通行のやり方では意味がないと思います。だからこそ、そこには信頼関係が絶対に必要なのです。

選手をほめる場合ですが、私は選手がホームランを打ったとか、ファインプレーをしたとか、勝ち投手になったとか、そういったことではあまりほめません。

私が選手をほめるのは、誰もやりたがらない仕事を一生懸命やっているのを見た時や、誰も気付かないことにいち早く気づき、さり気なく対処しているのを見かけた時です。

そのような、チームを思いやる行動をしている選手を見かけると、私はその選手をほめ、さらにミーティングなどでみんなの前でもほめます。私自身、本当にうれしく感じた時は、抱きしめてほめることもあります。

地道な努力によって、できなかったことができるようになった選手も「よくがんばったな」とその過程をほめます。試合でできたからほめるのではなく、試合でできなくても、その過程がいいものであればほめてあげる。選手のやる気を高める上で、指導者のそういった配慮はとても大切だと考えます。

今の時代、親も学校の先生も、子供たちに対して「怒鳴る」ということをあまりしません。選手たちの多くも、そんな環境で育ってきたからでしょうか。練習中に私が本気で叱るのを見て、私の想定以上にビビってしまう選手もいます。マネージャーに「なんであいつら、あんなにビビるんでしょうね」と聞いたら「今時、あんなに怒鳴る大人はいませんから」と言われました。

私が本気で叱っても、選手たちとの信頼関係は揺るぎません。それはなぜか？選手たちはきっと、私の内側にある愛情を感じてくれているからなのだと思います。私は幸いにして、中学野球に携わるようになってから、「この選手は嫌いだな」と思ったことが一度もありません。だから今のチームにも、嫌いな選手はひとりもいないのです。これは、持って生まれた私の才能といってもいいかもしれません。

3年生最後の公式戦が終わると、最後のミーティングをします。その時、私は3年生一人ひとりと握手をしながら大泣きします。「こいつ、本当によくがんばったな」と思う選手には号泣しながら抱きしめて「ありがとうな」とお礼を言います。

選手それぞれの限界を知る

先頃行われた東京オリンピックにおいて、侍ジャパンは金メダルを獲得しました。日本代表ですから、錚々たるメンバーが集まっています。登録された選手は全部で24名ですが、その内訳でとても興味深いデータがありました。それは24名の選手たちが中学時代に硬式、軟式、どちらをプレーしていたかというデータです。

データによると、全24名中、硬式は15名、軟式は9名でした。ここまでは「なるほど」という感じなのですが、投手、野手に分けて改めて集計すると、人数は投手11名中硬式4名、軟式7名と逆転します。これは一体何を表しているのか？

私の推測では、各種ある硬式リーグにおいて、有望なピッチャーほど酷使され、故障などを起こしてしまった結果ではないかと考えます。今でこそ、各リーグにピッチャーを守るためのさまざまな制限が設けられるようになりました。ボーイズリーグにも「1日80球、連続2日で計120球」という投球制限が設けられています。

しかし、このような制限が設けられる前の世代では、相当数のピッチャーが酷使され、ピッチャーの道をあきらめざるを得ないような状況に追い込まれていました。私も実際に、他チームでそのようなピッチャーを幾人も見かけてきました。

高校野球の関係者などの中には「120球ぐらいでぶっ壊れるんだったら、その選手に未来はない」と言う人もいます。でも、私はその考え方は明らかに間違っていると思います。

体力、筋肉の質、柔軟性などは、選手一人ひとり異なります。ということは、「これ以上は無理」という限界も選手によってまったく違うということです。それなのに、それを十把一絡げにして「120球は投げられないとダメ」と考えるのは、あまりにも短絡的ですし、古すぎます。「その選手の限界がどこか」を理解していない指導者は、本当の指導者ではないのです。

浦和ボーイズでは、1試合をひとりで投げ切る（完投する）ことはほぼありません。ピッチャーが絶好調で、80球以内で完投しそうな時はそのまま投げさせることもありますが、そんなことは滅多にありません。だいたいの試合は2〜3人、多い時は5〜6人の継投策でしのぎます。

試合中、ピッチングを見ていて「バテてきたな」と感じたらマウンドに行き「代わるか?」と聞きます。そこで選手が「代わります」と言ったら「わかった」と言ってリリーフを送ります。絶対に「まだ行けるだろう?」とか「お前は根性がないな」などとは言いません。

選手たちの普段の様子をちゃんと見ていれば、マウンド上での変化もわかるようになります。一連のフォーム、表情、態度、ちょっとしたたたずまいなどにも変化は表れます。練習中にしろ、試合中にしろ、私は選手たちのわずかな変化でも見逃さないようにしています。もともと高校時代から、相手ピッチャーのクセを見抜いたりするのは得意なほうだったので、そういった観察眼を磨いてきたのも選手の変化を察するのに役立っているのだと思います。

根性論はもういらない
――日々の生活での継続こそが大切

第4章で詳しく述べますが、うちでは選手たちに絶対に無理はさせません。また、選手自身に「自分の体は自分で管理できるようになりなさい」とも伝えています。自分の体が限界に近いと感じたら、練習を勝手に外れていい。これが浦和ボーイズの決まりです。

うちの指導者たちは、選手が練習を途中で外れても「何やってるんだ」とは言いません。水を飲みに行くのも自由です。選手たちも途中で外れることをお互いに認め合っているので、「さぼるなよ」とか「途中で抜けてずるいな」という思考にもなりません。

一昔前であれば、うちのようなやり方は甘いとされ、「そんなやり方をしていたら選手の根性が付かない」と言う指導者がたくさんいたと思います。でも、きつい練習をたくさんさせれば根性が付く、無理をさせれば根性が付くという考え方は、これからの時代は改めていかなければなりません。

心の弱さは自分の甘えからきます。その甘えをなくすには、子供たちの心を自立させ、何事も継続していくことが大切なのだと教えていく必要があります。

だから、私は選手たちにこう言い続けています。

「家に帰ったら、まず玄関の靴を全部きれいに並べなさい」

「弁当箱は自分で洗いなさい」

「汚くなったユニフォームは、下洗いしてから洗濯機に入れなさい」

「野球道具はすべてきれいに磨きなさい」

選手たちはまだ中学生ですから、私の言っていることすべてを継続するのはなかなか難しいと思います。だから私も、選手たちを追い詰めるような指導はしません。ただ、選手たちに少しでも早く自立してほしいので、先に挙げたことを言い続けています。

以前、こんな教え子がいました。その選手は練習で手抜きの目立つ子でしたが、「ちゃんとやれ」と言うと「ちゃんとやってる！」と逆ギレしてくるような性格でした。するとある時、会長の宍戸が「あいつにとってはこれが限界なんだろ。だから、手抜きに見えたとしても、もうこれからは放っておこう」と言ってきました。私も「そうだね」と同意し、以降その子が手抜きをしているように見えても、それを指摘することはやめました。

その選手は、そのまま茨城の強豪私学に進みました。そして、レギュラーにはなれませんでしたが、3年間野球部のきつい練習を最後までやり遂げて卒業しました。

今でも宍戸と「あの時、俺たちが『ちゃんとやれ』『うそついてんじゃねえ』と追い詰めていたら、彼は野球が嫌いになって途中でやめていたかもしれないね」とよく話をします。選手を壊すというのは、肉体的な問題だけではなく、精神的に壊してしまうこともあります。私たち指導者はかつてあった根性論は捨て去り、未来のある選手たちの心身を壊さないよう、その限界がどこにあるのかを見定めながら指導をしていかなければいけません。

浦和ボーイズは、あくまでも高校野球につなげるためのクラブチームです。当然勝つことを目指していますが、試合に勝つことだけが目的ではなく、勝つために何が必要なのかを選手たちが考えられるようになることを目的としています。

私たちが実践している野球は、選手たちに「自立」と「自律」を求める野球です。そこに根性論など必要ありません。そのことにひとりでも多くの指導者が気付けば、日本の野球界も少しずつ変わっていくような気がします。

道具を大切にする――磨き方を一から教える

「道具を大切にしろ！」

「グローブを磨け！」

言うだけなら簡単です。でも、指導者から道具を磨くように言われても、選手がそのやり方を理解していなければ何もできません。

「知っていて当たり前」

「わかっていて当たり前」

この先入観は、指導者には不要だと思っています。選手たちは何も知らない。その立ち位置で選手たちと接していれば、まず間違いは起こりません。だから私は、入部したばかりの1年生たちにグローブやスパイクはどうやって磨くのか、そしてどう管理していくのかを具体的に説明するようにしています。

グローブを磨くには、オイルとワックスの2種類を使用します。その用途の違い、磨き方、雨の日に使った後の乾かし方、そういったもろもろの道具管理法を実際にやってみせながら教えます。

道具は一緒に戦ってくれる相棒です。愛着を持ってしっかりと手入れをしてあげれば長持ちもするし、大事な場面で自分を助けてくれるかもしれません。

自分の道具すら大切にできない選手に、チームの道具を大切にできるわけがありません。逆に自分の道具を大切にできれば、チームの道具も、仲間も、グラウンドも大切に思う心が育まれていくと思います。

さらに、道具などを大切に思う心は、普段の生活において「忘れ物」も少なくしてくれるはずです。

そういった理由から、私は選手たちに「丁寧に道具を磨く」ことを指導します。

また、ボーイズリーグの公式戦では、試合前に必ず資格審査なるものがあります。この資格審査で条件を満たしていない道具は、試合で使用することができません。

例えば、グローブのひもの長さがチェックされます。小指の長さ以上は、タッチする時などに目に入って危険ということで、「ひもの長さは第2関節まで」と言われています。

スパイクであれば破れはないか、ひもが切れていないか、刃がへたっていないか、バットであればひび割れなどはないか、グリップのテープはしっかり巻かれているか、ヘルメットもひび割れなどはないか、内側のクッションの剝がれなどがないか、キャッチャーの防具にも不具合はないか、そういったことが全部チェックされます。

これらのチェックをクリアするために、「最低限、自分の道具は自分でチェックしておこう」と選手たちには言っています。道具の管理は、試合前の準備につながります。準備はとても大切なことです。準備するから忘れ物も少なくなるのです。

3年生は夏の最後の大会を終えると、チームから貸し出していたファーストミットやキャッチャーミットを返却します。

どれも、きれいに磨かれて戻ってきます。私はそのミットを見て感心します。

新品から使いはじめて2年半。

「愛着が湧いてしまって、返したくないです……」

そんなふうに言ってくる3年生もいます。

1・2年生には新品のミットを貸し出してありますが、足りないところにその返却されたミットを回します。後輩たちは、きれいに磨かれたそのミットを貸してほしいから我先にと申し出てきます。黒光りした、しっかり手入れのされたミットを手にした1年生たちは、「おー、カッコいい!」と喜んで受け取ります。

こうして、浦和ボーイズの魂は脈々と受け継がれています。チームの品格や伝統は、こうやって作られていくのです。

グローブが雨で濡れた時 —— 管理の仕方

雨の中、試合が行われるということもたまにあります。その際、グローブを濡れたままにしておくのは、私から言わせれば言語道断です。道具を粗末に扱う選手は、野球がうまくなるわけがないからです。

私は常日頃から、選手たちに「道具を大切にするように」と言っているので、グローブが雨で濡れた時の対処法もちゃんと説明します。

まず、グローブの手を入れるところに新聞紙を丸めて突っ込みます。そしてグローブのボールを捕る部分に丸めた新聞紙を入れ、さらに全体を新聞紙でくるんで一晩置きます。

1日経ったら、すべての新聞紙を入れ替え、もう1日置きます。このように、2日ほど新聞紙に湿気を吸わせたら、あとは1~2日、陰干しをすればOKです。

バッグの中にグローブをしまう際、グローブの中にボールを入れておくのは基本中の基本です。しかし、グラウンドなどでグローブをどのように置くのが正しいか、わかっている選手は意外に少ないものです。

グローブは、閉じていてはボールが捕れません。つまり、グローブは開いているのが基本形です。ということは、グローブを置く時は写真①のように開いて置くのが正解です。よく見かける写真②のような閉じた置き方は間違いです。

家に帰ってグローブの手入れをしたら、写真①の正解のようにグローブを置く。グラウンドに着いてバッグから取り出した時も同様です。グローブを置く時は「開いた状態で」。これが鉄則です。

グローブを開いた状態で置くようにしないと、グローブはどんどん型崩れしていってしまいます。大切なグローブを長く使うためにも、グローブの置き方にはこだわってほしいと思います。

①浦和ボーイズでは、このように立てて開いた状態でグローブを置くように指導している

②このような横置きだと、グローブがぺちゃんこになり、型崩れしやすくなってしまう

鉄則といえば、「他の人のグローブを使わない（手を入れない）」も、中学以上の選手たちには守ってほしいルールです。グローブというのはとても繊細な道具です。手のサイズの違う人がグローブを使ったら、それだけで指の部分がゆるくなるなどして、捕ったりトスをしたりするのに不都合が生じます。チーム内で「他の人のグローブは使わない」と意思統一しておくことが大切です。

チーム選びの指標となる『ベストコーチングアワード』を2年連続で受賞

学童野球チームと少年野球（中学野球）チームを対象に、古い慣習に囚われず、最新の練習方法や指導を取り入れているチームが表彰される『ベストコーチングアワード』というものが毎年開催されています。

このアワードに選出されるのは、ケガや障害予防の知識を持って指導を実践しているチーム、さらにコンプライアンスを重視、徹底しているチームなのですが、浦和ボーイズは2019年、2020年と2年連続で最高位である三ツ星を受賞させていただきました。

『ベストコーチングアワード』を主催する一般社団法人スポーツメディカルコンプライアンス協会のホームページには、その選考基準がこのように記されています。

［ベストコーチングアワード・選考基準］

・子供たちの未来を見据え、ケガや障害を起こさないように心がけ、メディカルとコンプライアンスの両面より指導にあたられているチームおよび指導者

・学ぶ意識が高く情報をアップデートして指導に取り組める指導者

全国の対象チームの公募をもとに、先述した協会の理事、評議員、審査員たちによる審査を経て、そこで優秀だと認められたチームに一ツ星、二ツ星、三ツ星の称号が与えられます。

学童野球、あるいは中学野球を子供にさせる時、チーム選びの観点でこの『ベストコーチングアワード』はひとつの指標となるのは間違いないと思います。

うちのスタッフが、選考基準にもある最新の指導に努めようとする理由。それはすべて、

「選手たちの満足度を上げるため」

にほかなりません。

選手全員の満足度を上げる方法は、「勝つ」ことだけではありません。選手一人ひとりに、

「指導者がちゃんと自分を見てくれている」

「自分のことを正当に評価してくれている」

と感じてもらうことが何よりも大切です。その積み重ねによって、選手全員が「自分は成長している」と感じることができれば、それが選手たちの満足度にもつながっていくのだと思います。

今の時代、目先の勝利にこだわり、「俺の言うことを聞いていればいいんだ」という横柄な態度の指導者には誰も付いてきてはくれません。私たち指導者が「野球を教えてやっている」「指導してやっている」などというおこがましい考え方を持っていてはいけないのです。

第4章

なぜ浦和ボーイズには選手が集まるのか?

私たちのチーム運営方法

チームに人が集まらないのは、野球人口が減っているからではない

野球の基礎と楽しさをしっかりと教え、「公式戦にも選手全員を出します」「親の当番はありません」ということを実際に行っていると、選手の保護者の方々がいろんなところで浦和ボーイズの宣伝をしてくれるようになります。私は、学童野球チームに勧誘に行ったことはありません。子供たちが体験に来てくれるのは、口コミでうちの評判を聞きつけたか、ホームページの告知によってです。

「浦和ボーイズ、楽しそう」

「親の負担も少ないみたいだし」

そう思ってくれた選手、親が体験に来てくれるようになります。そしてその輪はどんどん広がっていき、今や県外（東京や神奈川）から通ってきてくれる選手もいます。過去には鎌倉から通い続け、卒団していった選手もいました。

本書で何度も述べていますが、全国大会に出場するような強さがなくても、選手

は集まります。

「うちのチームに人が集まらないのは、野球人口が減っているからだ」

その考え方は間違っています。選手、保護者たちのニーズと時代に合わせたチーム運営をしていけば、選手は自然に集まってきます。

10年前と現在では、保護者の方々の考え方も大きく変化しています。かつては、

「勝つことがすべて」

「強いチームが正しい」

という考えが主流でしたが、今はそうではないと思っている親がたくさんいます。うちにはそういった「勝つことがすべてではない」「子供には楽しく野球をやってほしい」と願う親子がたくさん集まってきます。ある年の入団説明会で「中学のクラブチームに求められているのは、情操教育だと思います。私は、浦和ボーイズさんはそれを実践しているチームだと感じたので今日、説明会にやってきました」と、ある親から言われたこともあります。

たしかに、「全国大会出場」は目標ではあります。しかし、それはチームとしての目的ではありません。浦和ボーイズの目的は、人間性、自立心を高める、高校の

野球部に行って活躍できる基礎（野球の技術、体力だけではなく学力、礼儀、あいさつ、整理整頓、準備といった日常生活の基礎も含む）を選手たちに育んでもらうことです。

私たちのやり方が正しいのか、間違っているのか。それは実際に入団してくれる部員数、卒団していく部員数を見ていただければわかると思います。うちは他チームから移ってくる選手はいても、途中で出ていく選手はほとんどいません。

私たちの力など、野球界全体から見たら微々たるものかもしれません。私たちががんばっても、野球人口はわずかに増加するだけかもしれません。でも、それでもいいのです。浦和ボーイズが続く限り、私たちはこれからも実直に、真摯に、選手と野球に向き合っていきます。

親の手は借りず、すべて選手たちで
――倉庫を制する者はグラウンドを制す

練習試合などで他のチームの様子を見ていると、相変わらず「親の手伝い」が多いことに気付きます。

「練習時間を確保するため」とグラウンド整備も親にやらせる。しかし、高校では「親の手を借りる」という練習は一切ありませんから、浦和ボーイズではグラウンド整備から道具の管理、トイレの掃除まですべてを選手たちがやります。

うちには係の組織図があり、それぞれに責任者もいます。会社のように部署を作り、責任者を立てて運営していくというやり方に近いものがあります。

係をざっと挙げると、道具係、グラウンド係、ボール係、トイレ掃除係、ゲージ係といったところです。全選手が何らかの係を担当します。道具係はボールの数を管理したり、道具をすべて磨いたり。グラウンド係は練習開始前の準備や整備など。ゲージ係はゲージを立てたり、しまったり。そういったことを選手それぞれが責任を持って行うようにしています。

トイレ掃除は、誰もがあまりやりたがらない仕事かもしれません。しかし、うちでは「人の嫌がることをどれだけできるか。そこが勝負。そこに人間性が表れる」といつも話しているので、トイレ掃除係に手を挙げる選手がとても多いのです。

それぞれの係の仕事がきちんとできていないのを見た時、私は選手たちを猛烈に叱ります。その係の選手だけでなく、全選手を叱ります。

例えば、トイレの中にトイレットペーパーの芯が落ちていたとします。それを見て、私は全選手をトイレ前に呼び「なんでこんなところに芯が落ちてるんだ。どうして、使い終わったやつが捨てないんだ！　こんなこともできないから、勝てないんじゃないのか」と叱ります。そして「トイレ掃除係は管理不足だから全員代える。トイレ掃除係を新たにしたい人、手を挙げろ」と言うと何人も手を挙げてくれるので、その中から新たなトイレ掃除係を任命します。

道具係は、道具管理の他に倉庫の整理整頓、掃除なども担当します。道具を出したら、倉庫内の掃除を必ずさせます。するといつの頃からか、道具係の選手の間で、「倉庫を制する者は、グラウンドを制す」

という格言が生まれました。この格言は代々言い伝えられ、今では倉庫係に憧れを抱くような選手も現れました。

こうやって「自分たちのことは自分たちの力で」を続けていくと、選手たちは自分の管理もできるようになっていきます。自分の管理ができる選手は、指導者が見ていないところでも何事もしっかりこなします。私たちの目的とする〝人間力〟を鍛えるには、道具を片付けたり、掃除をしたりといった地道な作業の積み重ねこそが大切なのです。

お金をかけなくてもチーム運営はできる
――竹田先生から学んだこと

私の高校時代の恩師である竹田先生は、野球部の運営において、選手たちにはできるだけ金銭的な負担をかけないやり方を貫いていました。

飛行機に乗って連泊するような地方遠征があったとしても、私たち選手に交通費や宿泊費の出費は生じません。野球部には甲子園出場時に集められた寄付金があり、その余剰金によって遠征費はまかなわれていました。

公式戦のユニフォームも、グラウンドコートも、遠征バッグも、すべてチームからの貸し出しという形になっていました。3年の夏の大会が終わったら、それらをすべてチームに返却する。だから野球部で活動を続ける上で、私たち選手が何かの費用を払うという必要はほぼなかったのです。

それもこれも、竹田先生の「どんな家庭環境の子でも、野球をプレーできるようにしてあげたい」という考えがもとになっていました。それを実現するためには、甲子園に出場し、寄付金を集めなければなりません。だから竹田先生の「甲子園に出場するんだ」という熱意は、ものすごいものがありました。

私には竹田先生の血が流れています。だから、浦和ボーイズでもなるべくお金のかからない運営ができるよう、常にそのやり方を模索しています。ちなみに毎月部員から徴収している部費は7000円です。

他のチームでは、父母会用のTシャツ、トレーナー、バッグ、帽子などをそろえているところも珍しくありません。でも、うちには父母会はありませんし、私自身そのようなものは必要ないと思っていますが、保護者の方々から「着るものがないと応援の時に困る」という意見があるのも事実です。なので、うちでは必要最低限のもの（リーズナブルなTシャツとトレーナー）だけを用意し、欲しい人にだけ買ってもらうようにしています。

夏と春に行っている合宿にしても、うちはホームグラウンドのそばにある旅館に泊まるようにしているので、遠征費はかかりません。すべてを選手とスタッフだけでまかなえるようにしているので、保護者に何かお手伝いをしてもらうこともありません。

「どうやったらお金をかけずにできるか」

「どうやったら保護者に負担をかけずにできるか」

多くの選手に中学硬式野球を楽しんでほしいので、私はこれからも常にそれを考えてチームの運営をしていきます。

ちなみに、うちに父母会がないのは、「父母会長」のような形で保護者が権限を持つと、往々にして間違った方向に進みがちだからです。父母会長と呼ばれる人が、監督である私や宍戸会長の代弁者のような顔をして、チーム方針とは違うことを言いはじめる。こういったことが起こりがちなので、浦和ボーイズでは保護者にお手伝いいただく場合でも、それはチームからの強制ではなく、あくまでもボランティアとしてご協力いただいています。

考えてみれば、私も宍戸も、その他のコーチングスタッフも、みんな純粋なボランティアとしてチーム運営にかかわっています。

大学で野球に挫折し、ビジネスマンの道に進んだ私ですが、先に述べたように高校野球の監督をしたいと思った時もありました。それは、私にとってのはかない夢だったといってもいいかもしれません。

でも、私は今こうして、中学生チームの監督を務めることができています。選手たちは私のことを「監督」と呼んでくれます。100名以上の部員を抱え、チーム運営は大変なことばかりです。でも、選手たちの笑顔を見れば、そんな苦労は全部吹っ飛びます。私にとって、選手たちの笑顔が何よりの救いなのです。

「こんなにいい人生はないいな」

いつもそう感じています。

父母会はないが、全選手を我が子だと思ってほしい

チーム創設以来、方針や理念の根本は変えず、よりよいチーム運営を考え、毎日毎日反省と実践を繰り返してきました。先に述べたように、

「チームに父母会を作らない」

これもチームの方針です。父母会はないのが私たちにとって当たり前のことなので、チームにかかわる仕事や雑用は、すべて私を含めたスタッフで行います。

グラウンド手配やホームグラウンドの管理、練習試合を組んだり、遠征の際のそれぞれのチームへのスタッフ配置を考えたり、やることは多岐にわたります。

当然ですが、保護者の方によるグラウンド整備やお茶当番、指導者の食事の手配などは存在しません。お茶当番やたくさんの係、父母会の上下の序列、一部の保護者による派閥争いのような「少年野球あるある」が、今の子供たちの野球離れを生んでいる要因のひとつであることは間違いありません。だからこそ、浦和ボーイズではまずスタッフがすべてをやります。

スタッフの中には、自分の子供が卒団した後も、チームの方針や理念に共感されてスタッフとして残ってお手伝いをしてくださる方、卒団した選手が大学生になりチームに帰ってきてくれて、コーチとして手伝ってくれているスタッフなども多数います。

そうやってスタッフ全員ががんばっていると、自主的にお手伝いや協力を申し出てくれる在団生の保護者の方々がたくさん現れてきます。空いているグラウンドの情報をくれたり、こちらが手一杯の時にお手伝いをしてくれたりする保護者の方もいます。

入団が決まった後の保護者説明会において、私はいつも「全団員を我が子のように思ってください」とお願いしています。だから、保護者の方々は学年に関係なく、団員すべてを我が子のように見てくださるのも、浦和ボーイズのよき伝統になっています。

当番や係などを作らなくても、スタッフが先頭に立って汗水流していれば、保護者のみなさんはいつでも助けてくれるのです。

「野球を教えてもらうために、保護者が係や当番をやるのは当然のことだ」

今までの野球界では常識だったこの考え方は、令和の時代では非常識となりつつあります。ですから、保護者の方々にそんなふうに思わせないチーム運営が、これからの時代は必要になってきます。

私たちスタッフはどんな雑用だろうと、まず率先して動きます。すると先に述べたように、「お手伝いしますよ」と言ってくれる保護者の方が出てくるようになります。私はこういったお手伝いこそが「本当のお手伝い」だと思っています。

うちの会長が草刈りを始めれば、それを見ていたお父さんたちが「手伝いますよ」と言ってくれます。先日も3年生の保護者の方々が「引退前に駐車場の草刈りをみんなでしましょう」と自主的に集まってくださいました。このような「本当のお手伝い」をしてくれる保護者の方々には、感謝の気持ちしかありません。

限られた練習時間を有効に使うために
――選手たちの自立を促す

浦和ボーイズでは、大会の前日でも全員同じ練習をします。出場するメンバーだけが特別な練習をするのではなく、どんな時であっても同じメニューをこなします。大所帯のチームですから、私たち指導者がいちいち「次はこうしろ」「次はああしろ」などと指示していたら、それだけで多くの時間を費やすことになってしまいます。限られた貴重な時間を有効に使うためには、できるだけ無駄な時間を省く必要があります。

限られた時間を有効に使うためには、選手たちが「自分で考えて動く」ということが必要不可欠です。だからうちでは、選手たちに「自立」を求めます。「言われて動く」のではなく、「言われる前に動く」。全選手に、これができるようになってほしいと思っています。

野球の練習はバットを振る数、ボールを捕る数など、「数をこなす」ことが基礎を作る上で大切とされています。しかし、そこでただ単に「ティーバッティングで100球打ちなさい」と指導者が言ってしまうと、選手たちは時間を気にせず、数をこなすことに躍起になってしまいます。

そこで私は練習中、選手たちに数ではなく、「30分で何球打てる？」「1時間だったら何球打てる？」と時間を提示します。その限られた時間の中で、いったい何球打てるのか。それを選手たちに考えてもらうのです。

1時間で最低○球は打つ、とノルマは私が設定します。でも、そのノルマをクリアしたなら、もっとたくさん打ってもいいよ、それが人より努力したということにもなるんだよ、と選手たちには教えています。

学童野球が終わったばかりの1年生たちは、「自分たちで時間を組み立てろ」と言われたら最初はとても戸惑います。何をしていいのかまったくわからない。でも、私たちは1年生に答えを提示することはしません。無駄な時間を過ごしていたとしても、放っておきます。

1年生たちが「何かすることはありますか」と言えるようになるまで、私は待ちます。言うとしても「先輩たちにはできていることが、なぜ君たちにはできないの？」といったことくらいです。

すると、しばらく経ってから1年生の中に「次は何をすべきか」に気付く選手がちらほらと出てくるようになります。2年生になると、徐々にですが課題を出せば自分たちで練習メニューを考え、取り組めるようにもなっていきます。

こういった地道な作業を毎日続けているため、選手たちが3年生になる頃には、

「監督は何を望んでいるのか？」

「自分たちには何が欠けていて、何が必要なのか？」

を考えられるようになります。ここまでくると、自分たちでどうしていくかを話し合い、ノルマなどを各自で決めて練習に取り組んでくれます。時間はかかりますが、何事も「自分で気付き、改善していく」ことが大切なのだと思います。

「人間力」を「野球の力」としていく
――気付く力

第5章で詳しくお話ししますが、浦和ボーイズの練習時間は他のクラブチームよりもだいぶ短いです。短い理由は、子供たちの体力、集中できる時間を考えてのことです。長時間の練習ですべてを出し切ってしまうと、家に帰ってから何もできなくなってしまいます。

「余裕と余力を残して家に帰してあげる」

これは恩師・竹田先生の言葉、教えでもあります。

うちはさらに、短い練習時間でも、それを勝ちにつなげていくためにはどうしたらいいのか、をいつも考えています。重要なポイントは「人間力」です。

これも竹田先生からの教えなのですが、

「足りない練習量を補うのが、人間力である。人間力を野球力、チーム力に変換しなさい」

というものがあり、そうなるために浦和ボーイズでは知恵と知識を学ぶことを続けています。

あいさつ、マナーの勉強会をすることもありますし、雨天の時は守備のフォーメーションや配球に関することなどの勉強会、さらに定期的に食育についてもみんなで学んでいます（食育に関しては次項で詳しくご説明します）。

「新たな知識を手に入れる」

「考え方を変える」

これらはすべて、戦う上での武器になります。知識、情報をもとに用意や準備をすることで、相手より優位に立てます。

用意や準備をするためには、気付く力というものもとても大切になってきます。何かに気付く、気配を察する。そういう力が相手より勝っていれば、勝利は間違いなく近づいてきてくれます。

「グラウンドでゴミを見かけたら拾いなさい」

グラウンドに石ころやゴミが落ちていたら危険です。何より、グラウンドにゴミが落ちていたら美しくありません。だから私は選手たちにいつも「ゴミを拾え」と言っていますが、ゴミを拾うのも気付く力がなければできないことです。

「あれ？　いつもと違うな」

「あれ？　なんでこんなところに」

気付く力を磨くには、普段からこういった感じる力を四方に張り巡らせておくことが肝心です。気付けない子が気付けるようになるには長い時間がかかりますが、私たち指導者はそれができるようになるまで、じっと見守ってあげなければなりません。それが結果としてその子の人間力となり、引いては野球力、チーム力につながっていくのです。

食育に関する勉強会を開催

私は食育系の資格を持っています。その知識をもとに、最新の情報などもアップデートしながら、学年ごとに1年に最低一度は食育の勉強会をするようにしています。とくに下級生には食事の基本、そして食事がどのように人体に影響を及ぼすのかなどを一から教えます。

下級生には「ファストフードは体にあまりよくない」というところから解説します。みんなが好きなチキンも鶏を大きく育てるため、そのエサにさまざまな栄養剤や抗生物質といった人工的な化合物が混ぜられています。自然界にないものは、摂取しても体外に排出されず、体の中に残っていきます。つまり、そうやって育てられた肉を食べすぎると、体の中に人工化合物が残り、それがアレルギーなどの形で表れてくるのです。

炭酸飲料に関しては、ボトルに記されている原材料を見るように教えています。たいていのあの項目には水以外で何が含まれているか、多い順に記されています。

炭酸飲料は、最初に「糖類」と記されています。「入っている砂糖の量は、500ミリのペットボトルだと角砂糖◯個分にもなるんだよ。そんなのをガブガブ飲んで体にいいと思うかい？」と選手たちに説明します。

健全な精神は、健全な肉体なしでは考えられません。どんなに野球がうまくても、体が健康でなければ意味がありません。

健康な体にもっとも大切なのは腸内環境です。体の中で唯一、強い酸性の特質を持つ腸。ここが弱ると、体のいたるところで病気が発生します。現代社会で一番死亡率の高いガン、そして脳卒中など、さまざまな病気を引き起こす原因は腸内環境の乱れ、腸内の炎症から起こるともいわれています。

腸内環境が整うと、体の免疫力が高まり「病気に強い体」となります。日本人はこの腸内環境を整えるために、古くから納豆、ぬかづけ、しょう油、味噌といった発酵食品を食べてきました。それぞれの発酵食品には、腸内を整える善玉菌が豊富に含まれています。

しかし、食品から取り入れる菌は、体内に長く存在する在中菌にはならず、1週間ほどで体から排泄されてしまいます。そのため、日本人は毎日味噌汁を飲み、ぬかづけを食べ、と発酵食品を日常の食事に取り入れてきたのです。

戦後から徐々に日本に西洋化の波が押し寄せ、日本人の食事も和食から洋食中心へと変化してきました。ご飯をパンに、魚を肉に代えてしまったことにより、今の日本人は脂質の摂取量が多くなっています。脂質の摂取量が増えたことで成人病、生活習慣病も増え、その健康被害は大人だけでなく子供世代にまで及んでいます。

無農薬や自然農法などで作られた高価なものを食べよう、と言っているのではありません。少しでも保存料、添加物の少ないものを選び、和食、粗食を心がける。「かつて日本人が当たり前に食していた和食のいいところを見直し、食事のメニューを見直していきましょう」

これが浦和ボーイズの食育の「はじめの一歩」なのです。

ハウスルール

浦和ボーイズには「ハウスルール」なるものが存在します。「ハウスルール」は浦和ボーイズの決まり事、「最低限、これだけは守りましょう」というルールを示したものです。入団したばかりの1年生たちには、まずこの「ハウスルール」の資料を配り、内容の説明をします。

その資料は次のページの通りです。本書の中でご説明してきた内容もありますが、一応すべてをご紹介します。

［浦和ボーイズ　ハウスルール］

1　帽子

つばを折ったり、頭部に形を作ったりしない。➡視野が狭くなります
洗濯機で洗わない、乾燥機もＮＧ。➡帽子が傷みやすくなります

2　グラウンド

ホームグラウンドは借りています。➡汚したり、壊したりしてはいけません
壊れている場所を見つけたら、監督やコーチにすぐに言ってください

3　あいさつ

グラウンド、球場などではすべての人にあいさつをしてください。➡ほとんどの人が関係者です
知らない人でも、近くにいる人には必ずあいさつをすること

4 上級生

「○○先輩」と「先輩」をつける。どんなに親しくてもグラウンド内では呼び捨てにしない

「僕」「俺」は使わない。自分のことは「自分」と言う

例：「自分、体調が悪いので早退させていただけますか？」など

5 道具

チームの道具はみんなで使うもの

自分の道具は、きちんと自分で手入れをする

細かいメンテナンスをし、きちんと管理する

道具をきれいにすることができない人は、野球がうまくならない

※道具を大事にしていると野球の神様が助けてくれる、かもしれない……

6 用意

自分で準備をすること。野球バッグには自分で荷物を詰める

7 小さなタオル

ポケットの中に小さいタオル（ハンカチ）を必ず入れておく
汗を拭いたり、ケガをしたりした時の道具に使います

8 ヘルメット

ヘルメットの下に帽子を被らない。高校野球でしないことはしません
ヘルメットの大きさはＳＳ～Ｌがあります

9 くつ

玄関の靴は毎日そろえる（絶対）
家族全員分をきれいに並べる

10 弁当箱

お弁当は残さず全部食べる
お弁当箱は自分できれいに洗う（朝ごはん、夜ごはんの時も食器を洗うようにする）

11
洗濯
きれいなユニフォームを着ていると、野球がうまく見える
汚れのひどいユニフォームは風呂場で石鹸などでこすって下洗いをしてから、洗濯機で洗う

12
名前
すべての持ち物に名前を書く
名前がないと、持ち主を探すのが大変でみんなに迷惑がかかります

13
メーカー
使用する道具類は、ボーイズリーグで使用可のものを選ぶ
高いものを買う必要はない（高価なグローブに頼らない）

14
手袋
バッティング用は使用可

守備用は浦和ボーイズでは禁止（ケガをしている時は使用可）⬇正しいグローブの使い方を覚えるため　※捕手と一塁手は守備手袋ＯＫです
他人のグローブには手を入れない

15
共有

チームの持ち物は大事にする⬇壊れそうな時は、すぐに監督、コーチに伝える
ボールが林に入ったり、柵を越えたりしたら必ずその時に探しに行く
必ず雑巾を1枚、バッグに入れておく

16
ゴミ

ゴミは見つけたら拾う
自分が見つけたら、自分のゴミでなくても持ち帰る

17
コンビニ

子供たちだけでは寄らない

やむを得ず立ち寄った場合は、すみやかに帰る
家でご飯が食べられなくなるから、なるべく間食はしない

18 自転車

道路を走る時に横に並ばない。車や歩行者に道を譲る
他の人の迷惑にならないように
※電車に乗る時は、マナーよく

19 悪口

人の悪口は絶対にダメ。許しません
自分から出た悪口は、必ず自分に返ってくる
相手チームに対しても悪口、やじは絶対にダメ
否定の言葉は使わない
苦手なことは誰にでもあるから、人の失敗を笑わない
全員で最後までやり抜く。みんなで卒団する

20 髪

髪型は自由だが、スポーツマンらしい髪型にする

21 学校生活

学校での生活態度はグラウンドで出ます

成績表（通知表）はコピーを提出

成績が悪いと、行きたい学校に行けません

成績をよくするためには、「時間を守る」「提出物をきちんと提出する」こと

※自主トレ表は大きく濃く書く。目上の人に提出する書類は丁寧に書く

22 体調

我慢、無理はしない。自分で休む

他の人がいつもと違う様子であれば、監督、コーチに伝える

早めの対応をする

23 携帯（スマホ）

連絡手段としてのみに使う。休憩中にゲームをしたりしない

一切、ゲームはしない。ゲームをする時間があったら自主トレをする

（1年生のうちは厳しく言いません。徐々にゲームをする時間を減らしてください）

24 注意

できることをやらない、さぼる、ずるい、いじめ、人としてやってはいけないこと、以上のことを見かけた時は本気で叱ります

25 話

人の話を聞く時は、話す人の目を見て話を聞くこと

26 食事

休憩中はスパイクを脱ぎ、アップシューズに履き替えること➡心身をリラックスさせるため

27 クーラーボックス

人のクーラーボックスに座る、人のものを食べる、水筒を飲むなど禁止

28 ボール

ボールは足でよけたり、蹴ったりしない
ボールを地面に転がしておかない

29 連絡網

チームから保護者へ送った連絡網は必ず選手も確認してください
親から言われることを待つのではなく、自分から確認すること
親が野球をやるのではありません。あなたの野球です
あなたがすべてを知って動いてください

以上が、浦和ボーイズのハウスルールになります。
当たり前のことばかりかもしれませんが、そんな当たり前を知らない、あるいは

理解していない選手も結構います。私たち指導陣は「知らなくて当たり前」のスタンスで選手たちに接しないといけませんから、このようなハウスルールを毎年、1年生に勉強会で説明しています。

各学年でチームを組む

第3章の冒頭でお話しした「学年ごとにチームを編成」「全員補欠・全員レギュラー」「練習試合は全員出場」に関してご説明したいと思います。

浦和ボーイズでは、各学年でチームを組みます。各学年、40~50名の部員がいるのでできることではありますが、他チームのように学年関係なく、うまい選手から順にABCと振り分けていくようなやり方はしません。

1学年に2チーム、3チームと作った場合でも、各チームにはメンバーを均等に割り振ります。また、いろんなメンバーとプレーをしてほしいので、その都度、割り振り方も変わります。

練習試合をした時は、ベンチ入りした全員が何らかの形で試合に出場できるようにします。公式戦でもできる限り、多くの選手に出場できる機会を設けようといつも取り組んでいます。

そもそも、選手たちがチームに入ってくるのは、野球がしたいからです。みんなが同じように野球がうまくなりたい、試合に出たいと思っています。また、みんな同じ入会費、月の会費などを払っているはずです。それなのに実力によってクラスが分けられ、なおかつ試合に出られる選手、出られない選手が出てくるのは不公平です。浦和ボーイズでは、みんなで同じ練習をして、同じように試合に出て、野球を楽しむ。このやり方をずっと続けています。

こういった歴史があるからか、選手たちは同じ練習、みんなで試合に出るというスタイルにすっかりなじんでいます。ついこの間も、全国大会の予選が近いというのに、その前の週の練習も、前日の練習もみんなで同じ練習をしていました。

25名の登録メンバーはもちろん決まっていましたが、その選手たちも「大会前なんだから自分たちだけ特別な練習をさせてくれ」とはまったく思っていないようでした。選手たちが楽しそうに練習する様子を見て、私はしみじみと「いいチームだなぁ」と感じました。

選手たちに平等、公平に練習をしてもらう。この点において、私は気を付けていることがあります。それは、

「回数ではなく、時間で練習メニューをこなす」

ということです。

選手たちに公平に練習をさせるなら、「グラウンド10周」といったらみんなに10周させることだと多くの人がお考えだと思います。しかし、選手たちそれぞれに体力も違えば、得意分野も違います。また、中学生くらいだと4月生まれの選手と早生まれ（1〜3月生まれ）の選手の体力も相当違います。それなのに、同じ学年の選手だからとひとくくりにして「10周走れ」というのはあまりに不平等、不公平です。

そういった理由から、うちでは先に述べたように「回数ではなく、時間」で練習をさせるようにしています。選手たちを走らせるにしても「10周」ではなく「10分」と時間で課題を与えるのです。

10分走を命じられた選手たちは、それぞれのペースで10分間走り続けます。もちろん、手を抜くことも可能です。でもこの時間制限は「人との戦い」ではなく「自

分との戦い」でもあります。手を抜くような選手は、自分に負けているわけですから、そのような心構えでは他の選手との競争にも勝てるわけがありません。選手の自立を促す意味でも、この時間でこなすやり方は有効だと考えています。

猛暑の中で耐えることを選手に強要しない

私が東北高校野球部に在籍していた当時、1学年上でキャプテンを務めていた丸山林さんという先輩がいました。東北高校でキャプテンを務めるくらいですから、丸山さんの実力は折り紙付きです。丸山さんは卒業後、中央大学へ進みました。私たち後輩にとっても自慢の先輩でしたが、丸山さんは大学1年の夏、練習中に倒れ、そのまま帰らぬ人となってしまいました。原因は熱中症でした。

亡くなる直前、夏の大会真っ最中の東北高校野球部に、丸山さんが顔を見せてくれたことがありました。その際、私は丸山さんから「中山、中央大のセレクションを受けに来いよ」と声をかけていただきました。それからほどなくして聞いた先輩の訃報。信じられませんでした。ついこの前、温かい言葉をかけていただいたばかりなのに……。驚きとともに「先輩との約束を守らなければ」と、私の中に強い使命感が生まれました。そんなこともあって、私は中央大学に進学することになったのです。

近年、関東地方の夏は35℃を超える猛暑日が多くなりました。荒川のそばにある私たちのホームグラウンドには、いくつかの折り畳み式テント以外に日陰となるところはありません。そんな環境のグラウンドで激しい練習を続ければ、選手たちの命を危険に晒すことになってしまいます。

猛暑日になるたび、私の心には在りし日の丸山さんの顔が浮かんできます。

「この暑さは危ない」

そう感じたら迷うことなく、たとえ練習を始めたばかりであったとしても私は練習を終了し、選手たちを帰宅させます。他チームの指導者がこの対応を見たら「このくらいの暑さで練習しないのは甘い」「大袈裟だ」と言う人もいるかもしれません。

でも、私は熱中症の恐さを知っています。

大切な人を亡くした悲しみを知っています。

だから、私は選手たちに無理や無茶を強いることはしません。

ここまでにも何度か述べていますが、「自分で『もう無理だ』と思ったら、危なくなる前に外れろ」とも教えています。誰かに言われてから外れるのではなく、自分から外れるようになる。自分の身は自分で守る。すべての選手に、それができるようになってほしいと思います。

とにかく、炎天下の中で練習する選手たちに「我慢」や「耐える」ことを強要してはいけない。絶対にそれだけはしない。それが天国にいる先輩への、私の誓いなのです。

行きたい高校は自分で選ぼう

浦和ボーイズでは毎年春先、入団説明会を開いています。その時にたまに「このチームに入ると、高校はどこに（どのあたりの強豪校に）行けるんですか?」と質問をしてくる保護者の方がいます。

そういった質問をされた時の私の答えは決まっています。

「『どこに行けるの？』ではなく、『どこに行きたいか』を2年半の間に決めてください。私たちがみなさんのお子さんの人生を決めるわけにはいきません」

一昔前であれば、野球がある程度うまければ、中学の成績など度外視で高校に進学することができましたが、今は違います。技術以上に、学校の成績が重要視されます。それなりの成績を取っていないと、どの高校も取ってはくれません。

そんな昔からの流れがあるためか、今でも保護者の方々の中には「強い中学野球チームに行けば、学校の成績など関係なく一流の強豪校に行ける」と思っていらっしゃる方が結構います。中学野球のクラブチームも、強くなければ選手は集まらないと思っているので、チームを強くしようと高校野球のような厳しい練習をさせているところもたくさんあります。でも、「強い中学チームに行かなければ、いい高校に行けない」というのは錯覚です。

うちのようなそれほど強いチームでなくても、選手を一番に考えてチーム運営をしていけば選手は集まってきますし、甲子園常連の強豪と呼ばれる高校にだって進学できます（後で詳しく述べますが、うちからも二松学舎や東海大菅生などに進んだ選手はいます）。選手に力があれば、たとえ弱いチームであっても強豪校に進むことはできるのです。

シニアであれ、ボーイズであれ、強豪と呼ばれる全国レベルのチームでは「君はこの高校に行きなさい」と、進むべき高校を指導者に決められてしまうことも決して珍しいことではありません。

指導者に決められた高校が自分の行きたかった高校ならいいですが、そうでない場合も多々あるはずです。人生の中で、高校の3年間はとても重要です。高校で過ごす3年間が、その人のその後の人生を決めるといっても過言ではありません。だからこそ、私は選手それぞれに進学先は自分で選んでもらうようにしています。選手自身、そしてご家族の間でじっくりと考え、納得のいく選択をしてほしいと思っています。

浦和ボーイズには、いろんなレベルの選手がいます。進学先を決める時期になると、自分のレベル以上の高校に行きたいと言ってくる選手も結構います。

うちでは甲子園の常連校に進んだとしても十分にやっていけるよう、野球技術の基礎と戦術は選手たちにしっかりと教え込んでいます。なので、自分の力を強豪校で試してみたいと選手たちが思う気持ちは、私もよくわかります。

しかし、甲子園常連の強豪校は部員数も多く、レギュラーになれなければまともに練習もできないようなところばかりです。そんな状況でも3年間、野球を続ける覚悟はあるのか？　寮に入れず、通いとなっても3年間通い続けられるのか？　選手に対して私は、そういった覚悟があるのかどうかをまず確認します。

3年間、補欠でいるよりレギュラーとして試合に出たほうがいい。私はそういう考え方ですが、選手自身が「3年間補欠でもいい、がんばる」と言うなら私は選手の選択を止めることはしません。希望の高校へ行けるよう、微力ながら力を尽くします。

進路説明会でお話しすること
——必ず体験会には行きましょう

うちでは、毎年7月に選手と保護者を集めて、進路説明会を開いています。そこでは次のページの資料〝進路について〟を配布すると同時に、「8月中に2～3校の体験会には必ず行ってきてください」とお願いしています。

［進路について］

基本的なお話ばかりですが、ゆっくり読んで理解してください。

◎高校とは

まずは高校の説明から。高校は「公立」「私立」の二通りに分かれます。わかりやすく言うと、公立は県や市が公的に運営する学校、私立は会社のような経営者が学校を運営しています。そのため、私立は公立に比べ入学金や授業料は高くなります。ただし、埼玉県に住んでいる生徒が埼玉県内の高校に行く場合には、国から助成金が出るため、公立は無償（学費がかからない）、私立は支払うお金が少なくなります。助成金は保護者の収入により、利用できる場合とできない場合があるようです。

◎高校選びのポイント

▼その１　私立か公立かを考える

私立の場合は推薦や特待生制度などがあります。推薦とはチーム推薦、学校推薦、個人推薦などさまざまな受験の仕方があります。公立はそういった制度はほとんどなく、成績だけで判断されます。自分の成績に合った学校選びが重要になります。

▼その２　併願を考える

「併願」とは第一希望は県立、滑り止めとして私立を受けることです。基本的に県立に合格すればそこに入学することになります。私立受験に関しては「単願（この学校しか受けません）」という受験方法もあり、その場合は学力的なハードルが多少下がります。推薦枠を利用する場合も単願となります。

▼その３　推薦で私立に入る

推薦にはチーム推薦、学校推薦、個人推薦などがあります。ただし、私立でも学力の高い付属高校は推薦のないところが多いです（野球推薦がまったくないわけではありませんが、推薦人数は限られており、全国大会優勝程度のアドバンテージがないと推薦にはなれません）。例を挙げると慶應志木、慶應義塾、早大本庄、早実、明大中野、日大鶴ヶ丘、日大二などとなります。こういった付属高校に行きたい場合は一定以上の学校の成績が必要になり、一般受験を受けて合格する必要があります。

▼その4　私立すべてが一般受験で野球部に入れるわけではない

私立の中でも甲子園常連の強豪校の中には、一般受験で合格しても野球部に入れない学校もあります（入部人数を制限しているため）。二松学舎、智辯和歌山、東海大相模、大阪桐蔭などはその代表格です。こういった人数制限のある高校を希望する場合には、チームからその高校へお願いをします。

また、学校の見学会などがある場合は、必ず部活体験にも参加して一般受験で野球部に入れるかどうかの確認をしてください。ある程度のデータはありますので、チームに相談、確認してください。

▼その5　必ずチームに報告

高校の体験会や説明会に参加する場合、個人のデータを書き込む用紙にクラブチームの名前を書く欄が必ずあります。体験会や説明会に行く場合には、必ずチームに参加の意思を伝えてから行くようにしてください。体験会参加後、野球部の顧問からチームに連絡が入る場合もあります。体験会に参加する場合は野球道具、練習用ユニフォームを持ち（現場で着替える）、行き帰りは中学の制服で参加してください（ジャージなどでは決して行かないように）。

▼その6　体験会や説明会などに参加し、評価されて特待生となることもあり得る

体験会参加後、高校側から「ぜひ来てほしい」と言われることもあります。また、特待生などの条件を付けてくれる場合もあります。ただし、体験会や説明会などで高校側からそのように言われても、他の学校から同様の誘いがかかることも考えられますので、その場で即答するのは避け、「帰ってチームと相談させてください」と答えるようにしてください。

▼その7　私立の体験会は校数を2〜3校に絞る

体験会に参加することはとても大切ですが、行く気もないのに参加するのは高校

側に失礼ですし、冷やかしとも受け取られかねません。公立の場合はそれほど気にしなくてもいいですが、私立の場合は参加するにしても2~3校に絞るようにしてください。

▼その8　高校選びのポイント

高校を選ぶ際、「何を目標にするか」が重要なポイントとなります。目標例を挙げると、

- 甲子園に行きたい
- レギュラーになれなくても甲子園に行ける高校に行きたい
- 高校で試合に出たい
- 大学に行きたい
- 大学で野球をやりたい
- 県外に行きたい高校がある
- 野球だけでなく、勉強もしっかりしている高校へ行きたい
- 強豪校で勝負したい

など、いろいろな目標、考え方があると思います。基本的にチームから「ここに行きなさい」ということは言いません。まず、選手自身で自分がどうしたいのかを考え、親子でじっくり話し合ってください。その上でわからないことや参考意見を聞きたいなどあればチームに相談してみてください。

以上が進路説明会で話している内容です。

行きたい高校に進むには学校の勉強もしっかりと

高校受験に際し、選手たちが最初にしなければならないのは、「自分がどうしたいのか」を考えることです。そのためには、1年生の頃から漠然とでもいいので「将来こんなことがしてみたい」とか「こんな感じで野球がやりたい」と考えておくことが重要となります。

3年生になったら、親子でじっくり進むべき道を話し合ってください。そして夏の体験会などに参加をして、早ければ9月、遅くても10月までには「どの高校に行くのか」という方向性を示してもらいたいと思います。

前項で述べたように、中学校の成績も疎かにはできません。そこもしっかり押さえておいてください。中学校では、

・時間を守る（遅刻などもってのほか）
・提出物の期限を守る
・授業中の態度（居眠りなどもってのほか）

こういったことに注意をして、中学の先生方からも応援してもらえる生徒になってほしいと思います。

私はチームの選手、保護者からの相談にはいつでも乗ります。しかし、あくまでも高校を選ぶのは選手です。「チームがどこかの高校に入れてくれるだろう」という考え方はうちでは通用しません。

公立を狙う選手には、少しでも学力レベルが上の高校を目指してほしいといつも伝えています。

私立を目指す選手には、その学校（野球部）の指導方針、さらにどんな野球をし

ているのか、どの程度のレベルなのか、設備や環境はどうなのか、そういったことも事前にある程度理解してから受験してもらうようにしています。

甲子園常連校に入れたとしても、試合に出られるかどうかの確証はありません。とてつもなく厳しい環境に身を置くことは、のちの人生を考えればある程度必要なことですが、3年間試合に出られないような状況ではモチベーションを保つのも難しいでしょう。

浦和ボーイズのように平等公平を謳うチームは、高校でも少数派です。監督がスカウトした選手だけを優遇する高校もたくさんあります。

だからこそ、事前に行きたい高校の内情をしっかりと調べ「ここなら3年間がんばれる！」という野球部を探しましょう。

高校選びは、自分の人生を決める最初の一歩となります。「入れるところならどこでもいい……」。そんな考え方は持ってほしくありません。

浦和ボーイズを卒団したOBの進路は、割合でいえば公立が半分、私立が半分です。その私立進学の選手のうち、野球推薦で入学できるのは半分くらいです。

勉強をがんばった選手は慶應義塾、本庄早稲田、開成、早大学院、國學院久我山などに進み、そこで野球をしています。公立では熊谷、川越、市立川越といった進学校に進んだＯＢも多く、２０２１年の熊谷のエースはうちのＯＢでした。

埼玉県内の私立の進学先で多いのは、西武文理、浦和麗明、国際学院、西武台、星野、山村国際といったところです。

私の母校である東北や、甲子園常連の常総学院や二松学舎、東海大菅生に進学したＯＢもいます。

いずれにせよ、中学のクラブチームで過ごす2年半の間、一番大事なのは、「行きたい高校を自分で決め、そこで勝負できるだけの経験と知識と覚悟を持つ」ことだと思います。私たちスタッフはすべての選手が希望の高校へ行けるよう、日々サポートに全力を注いでいます。

どこに進学しても通用する選手になる練習

長時間練習はいらない
――選手の体の成長が第一

中学野球のクラブチームの中には早朝から夜まで、まるで高校野球のような長時間練習をしているチームがあります。

しかし、浦和ボーイズは選手たちに長時間練習を強いることは絶対にしません。土日の練習は9時に集合し、30分間で準備を整えて9時半から練習をスタートさせます。昼は1時間きっちり休み（真夏には1時間半くらい休ませることもあります）、午後の練習も夏なら5時、冬なら4時までには終え、選手たちを帰宅させます。

「選手たちにたくさん練習させたい」

どのスポーツ、どの世代であれ、指導者ならば選手の実力向上のために、このように思うのは当然のことなのかもしれません。

でも、忘れてはいけないのは、中学生たちは大事な「成長期」にあるということです。「選手を鍛えるため」という大義名分で早朝から夜まで練習させるのは、単なる大人のエゴにすぎないと私は考えます。

成長期の子供たちは、「骨端」と呼ばれる骨の端部分が非常に柔らかく、脆い状態です。無理なトレーニングや酷使を続ければ、肩や肘、膝や踵の骨端が傷つき、それが野球を続ける上での致命傷にもなりかねません。だからうちのチームでは、少しでも体に違和感があったら休ませることを徹底しています。

朝7時集合、日中はハードな練習を課せられ、夜8~9時に帰宅した時には体はクタクタで食欲もなく、ちょっとだけ夕飯を食べて寝る。そして睡眠時間が不足したまま、また翌日の練習に出かけていく……。このようなパターンの週末を過ごしているクラブチームの選手は、決して珍しくありません。

先に述べたように、中学生は成長期にあります。体を大きくする大切な時期に長時間の練習や投げすぎ、走らせすぎで体を酷使すると、成長ホルモンの出にくい体となってしまいます。

夏場など、過激な運動によって食欲が減退し、十分な食事がとれないと体はエネルギー不足になります。成長期の体は骨と筋肉の両方が成長するため、エネルギーをたくさん必要としています。

そういったことから、うちではハードな長時間練習は避け、選手たちに余力を持って家に帰ってもらうようにしています。そうすることで、適度な運動量プラス食事による十分なエネルギー補給、さらに質のいい睡眠によって成長ホルモンの分泌を促せるようになります。成長期にある中学生にとって「適度な運動、食事、睡眠」の3要素は絶対に欠かせないものなのです。

選手がよく食べ、よく眠れるように、ご家庭でも配慮をしてほしいと思います。

午前中の練習はアップがメイン

浦和ボーイズでは、走攻守の基礎をしっかりと教えると同時に、どんな高校に行っても通用する知識、あるいは戦術を全選手に教えます。もちろん選手それぞれで理解力、技術力は違うので、すべての選手に「これができるようになれ！」と高レベルの野球を押し付けるようなことはしません。あくまでも「こういう野球もあるよ」と説明し、やる・やらないの取捨選択は選手たちに任せるようにしています。

本章では、私が選手たちに教えている基本的な練習や野球の基礎知識をご紹介していきたいと思います。

うちの普段の練習は、前項でお話ししたように9時集合、準備（ゲージやマシン、ボールなどの道具出し、グラウンド整備など）をしてから9時30分頃に練習がスタートします。

朝礼のような簡単なミーティングをした後、全員でランニング、準備体操、ストレッチ、基礎トレーニング（スクワットや体幹トレ）を10分ほどかけて行います。

その後は2グループに分けて、**1**リズムトレーニング（写真①）と**2**ラダートレーニング（写真②）を行います。2班ともにBGMをかけ、リズムを体感しながら体を動かします。とくに**1**の後半は本格的なリズムトレーニングとなるため、選手たちにも「リズムに合わせて！」と声がけします。それぞれ10分程度ですが、メニュー数が多く絶え間なく続くため、選手たちはこの練習でクタクタになります。

1 リズムトレーニングの主な内容

ダッシュ各種（前転、後転、側転をしてから）、四足歩行（前歩き、後ろ歩き）、後半はリズムトレーニング（片足ジャンプ、横向きレッグランジ、シャッフルしながらレッグランジなど）。

❷ラダートレーニングの主な内容

ケンケンパー（ケンケンパーをしながら進む）、パラレル（枠外に片足で1回ステップ、枠内で両足で2回ステップする。これを左右で繰り返す）、2イン1アウト（進行方向に横向きになって枠外に立ち、枠内に片足ずつ交互にステップして進んでいく）など

ランニングからリズムトレーニング、ラダートレーニング終了までおよそ30分程度のアップですが、内容はかなりきついです。当然途中で手を抜き出す選手もいますが、私は常に「全力を尽くせ！」と選手たちに檄を飛ばします。

繰り返しになりますが、浦和ボーイズの練習は選手が「もう無理だ」と感じたら、いつでも練習を外れていいことになっています。私もそこまで全力でやってくれたなら大歓迎です。

午前中のアップに関しても「途中でやめてもいいから全力でやれ」と言い続けて

①リズムトレーニング：前転をしてからダッシュするメニュー。
アップ中、BGMがずっとかかっている

②ラダートレーニング：ラダートレーニングの様子。
アップ中は「苦しくてもつらそうな顔をしない」がテーマ

いますが、選手の中には「全部をこなそう」と少しずつ手を抜く者も出てきます。でもそれは、選手自身が「自分」に負けてしまっている証拠です。そのような練習では何も身に付かないことも、選手たちには説き続けています。

リズムトレーニングでは「前転」や「後転」をメニューに取り入れていますが、これは選手たちに「正しい体の動かし方」を体で覚えてほしいからです。学校の体育の授業でちゃんとやっていないからでしょうか。入部したての1年生で「前転」「後転」をきちんとできる選手は意外に少ないのが実状です。しかし、うちで2年半の間練習を続けると、選手たちは体の正しい動かし方を覚え、前転も後転も難なくできるようになります。

選手たちは、自分では真っ直ぐ立っているつもりでも、最初は立てていない選手がほとんどです。自分の体を真っ直ぐにできないということは、自分の体を思い通りに動かせないということになります。真っ直ぐに立つことで、体を正しく使えるようになる。2年半の基礎体力トレーニングで選手たちは体幹も鍛えられ、真っ直ぐに立てるようになります。やはり、何事も基本の積み重ねが大切なのです。

正しい投げ方は言葉で説明せず、体で覚えさせる
――浦和ボーイズのキャッチボール

私は高校時代、竹田先生から「キャッチボールは相手にとって捕りやすいところ、つまり胸付近を目がけて投げなさい」と教えられました。

竹田先生は「胸を目がけて投げないのは、相手への思いやりがないということだ」ともおっしゃいました。そういったことを考えてプレーしない野球は「わがままな野球、自分勝手な野球だ」というわけです。キャッチボールひとつとっても、意味と考え方があります。

浦和ボーイズのキャッチボールは、選手たちにそういったことを教えながら、「いろんな投げ方をして、正しいフォームを体で覚えてもらう」ことをテーマとしています。

キャッチボールではまず、肩回りのストレッチをします。その後、近距離で次の投げ方をしていきます。

・グラブトス（グラブを操作する感覚を養う）
・自分で真上に投げて背面キャッチ（感覚的な動きを養う）
・横向きで投げる（ダーツのように投げる。肘から手首にかけてのスナップの正しい動きを覚える）
・歩きながら投げる（歩くリズムで投げる）
・歩きながら右足を前に出して投げる（肩甲骨を相手に見せる）
・足を上げて5秒止まってから投げる（右投げなら投げ終わった後、左足だけで5秒立ったまま止まる。体の正しい重心移動を覚えると同時に、バランス感覚も養う）
・足元にあるボールを拾って投げる（意識しないで自然に投げる）
・前後に足を広げ、上半身を半回転させて投げる（肩を入れ替える）
・前向きケンケンパー投げ／横向きケンケンパー投げ（タメを作って投げる）
・しゃがんで投げる（内転筋を使って投げる）

こういったいろんな投げ方をずっと続けていると、投げ方のよくなかった選手も3年生になる頃にはいい投げ方となり、フォームも安定します。

一つひとつの投げ方に意味がありますが、それを言葉で説明することはせず、トレーニングとしてやらせます。手は器用で、下半身はどちらかといえば不器用です。言葉で説明すると、選手たちは器用な手のほうだけに頼ってしまい、それでは全身を使った正しい投げ方は覚えられませんし、頭を使って投げようとするのでイップスにもなりやすくなってしまいます。だから、うちでは言葉で説明せず、トレーニングをしながら正しい投げ方を選手たちに覚えてもらうようにしています。

これらのいろんな投げ方をこなしてから、通常のキャッチボールに移ります。1年生のうちは、遠投にしてもそれほど長い距離を投げさせることはしません。ホームベースからの距離にすれば、延びたとしてもせいぜい外野の前あたりです。その距離をワンバウンドでいいので、低く強いボールを正確に投げられるようにする。

こういったことを積み重ねることで、正しい投げ方は選手たちの体に染み込んでいくのです。

数種類のティーバッティングで打撃の基本を身に付ける

バッティングの基本を身に付けるため、うちではティーバッティング練習を多く取り入れています。それもただ打つだけではなく、いろんな打ち方（8種類程度）をすることによって、バッティングの基本を体で覚えてもらうようにしています。

8種類の内訳は左記の通りです。

①右膝（右打ちの場合）を地面に着けて打つ
②グリップと左膝（右打ちの場合）を付けてから打つ
③バットを短く持って打つ
④大股で打つ
⑤速打ち
⑥大股でやや突っ込んだ体勢（前で拾うように）で打つ
⑦逆打ち（右打ちの場合、通常は投げ手がバッターから見て右側に立つが、これは

左側から投げる）

⑧投げ手が真後ろから投げて打つ

これ以外の打ち方を入れる時もありますが、だいたいこのような8種類の打ち方をそれぞれ4球×5セット、計160球を打つティーバッティングをひとり2～3セット行います。

バッティングにもイップスはあると先述しましたが、投げるほうのイップスよりはなる確率が低いので、ティーバッティングではそれぞれのメニューの意味を、選手たちにしっかりと説明します。

①膝を着くことで下半身が安定し、体幹を使った力強いスイングができるようになる

②タイミングを取るのは、下半身だけでなく、上半身の動きも必要なのを覚えるため

③時にはバットを短く持って打たなければならない状況もある。それを想定して

④重心を真っすぐにして打つことを覚える。内転筋を使って打つことを覚える

⑤間断なく、速く振ることで無駄な動きをなくす

⑥タイミングを崩されても、バットが残っていれば打てる感覚を覚える
⑦反対方向に打つ感覚を覚える。打つ際、体が開かないようにするため
⑧インサイドアウトの正しいスイングとスムーズな体重移動を覚える

ただひたすらボールを打ち続けるより、このようないろんな打ち方を混ぜることで体のバランスがよくなるだけでなく、選手たちの集中力も保つことができます。

ちなみに、浦和ボーイズではロングティーはやりません。ロングティーを行うと選手たちが「遠くに飛ばそう」と意識してしまうため、体が開きがちになってしまうからです。

また、マスコットバットのような重いバットを振らせることもしません。重いバットを振れば筋力は付きますが、スイングスピードは上がりません。スイングスピードを上げるには軽いバットを振り、体で「速く振る感覚」を覚える必要があります。うちは950gと800g、2種類の竹バットを用意しており、ティーバッティングを行う際に選手たちに自分の目的に合わせ、好きな方を使わせています。

監督も、ティーバッティングの際にはなるべく選手たちにボールを投げるようにしている

ファーストストライクから
フルスイングできる選手になろう

浦和ボーイズでは、バッターに「ファーストストライクからフルスイングしていこう」と指示し、それができるようになるにはどうしたらいいか、それぞれが考えて練習に取り組んでもらっています。

こういった教え方をしているのも、すべては彼らの目標である「高校野球」で活躍してもらうためです。２ストライクに追い込まれるまでバットを振らないような選手は、高校野球では通用しません。

統計学的にも、ファーストストライクを打った時のヒットになる確率が、他のカウントより高いのは判明しています。

ファーストストライクのヒット率が高いのには、いくつかの理由があります。まず、ピッチャーは「早くストライクが取りたい」「自分の有利なカウントにしたい」という心理状態にあるため、ファーストストライクはコントロールが甘くなりがちです。さらに、バッターはノーストライクの状況であれば迷うことなく、フルスイングすることができます。つまり、ファーストストライクが来る時は、バッター有利な状況だといえるのです。

だから、浦和ボーイズでは「ファーストストライクからフルスイングしていこう」と教えているのですが、高校でも球数制限ができたことにより、「2ストライクまでは打つな」と指示をする指導者もこの先増えていくでしょう。

しかし、私は目先の勝利のためだけに、中学生の選手たちに間違った野球をさせることだけはしたくありませんし、そんな姑息な考えで勝つことが正しい野球だとも思っていません。

浦和ボーイズは、勝つことを目標にしてはいますが、結果よりもそこに至るまでのプロセスを大切にしています。プロセスを大切にするからこそ、選手たちが充実した練習をできるよう環境にも配慮しています。

「野球がうまければいい？」

「勝てばいい？」

そうではないことを彼らが中学生である今、しっかりと教えていかなければならないと思います。

「ファーストストライクから打て」という指導者であっても、その真意は「甘いストライクが来たら打て」という考え方でしょう。でも私は、選手自身が「俺は打つ！」と気持ちが充実しているのであれば、多少厳しいコースに来た球でも打ちにいっていいと思っています。

「俺は絶対に打てるんだ」と強い気持ちを持っている選手は、際どい球でもヒットにする力があります。だから私は、仮にその選手が空振りしたとしても「ナイススイング！」と声をかけます。ファーストストライクから打っていく勇気は、成功体験を繰り返していくことで育まれていくのです。

バッティングの基本は「トップを作る」「最短距離でスイング」

私は選手たちにバッティングの基本を教える際、「トップの位置をしっかり作ること」を重点的に指導しています。トップを作り、リラックスした状態でスイングすることが理想です。

トップの位置の構え方として、具体的には「グリップエンドがキャッチャーのおでこに向くように」と選手たちには伝えています。トップの位置がしっかりと決まれば、その後はグリップエンドを先頭に、耳と肩の間をバットが通って、インパクトのポイントまで最短距離でスイングをする。私は、これが正しいレベルスイングだと思っています。

トップの位置に入った時、弓を引くように手はキャッチャー方向に、左足（右バッターの場合）はピッチャー方向に出ます。野球用語でこの状態を「割れ」といいますが、いいバッターはみんな、この「割れ」がしっかりできています。小・中学生くらいだと、「当てる」ことに一生懸命になってしまい、手をキャッチャー方向に引けない選手も多いです。そういった選手には「割れ」を作ることの重要性を教え、正しいスイングを身に付けさせる必要があります。

「割れ」の状態の時（右バッターの場合）、重心のバランスは左足3、軸となる右足7とか4：6だという指導者もいますが、私は真っ直ぐ立っている感覚、正面から見ても、横から見ても真っ直ぐ立っている感覚でいいと思っています。この感覚はバッターそれぞれに違ってくると思うので、選手たちにはティーバッティングなどでその感覚を体で覚えてもらうようにしています。

うちは人数が多いので、一度に全員のティーバッティングを行うことができません。なので大抵の場合、ティーバッティング班と素振り班の2班に分けて練習を行います。

本章の冒頭で「正しい体の動かし方」の話をしましたが、体を正しく動かすためには「体のバランス」が取れている必要があります。午前中のアップでも前後、左右を均等に鍛えるようにメニューを組んでいます。そういった理由から、ティーバッティングの時に並行して行う素振りも、うちでは「左右均等に振る」ことを心がけています。

私がティーバッティング練習に付いていられる時、素振りはだいたい500回は振らせます。ここに反対側の素振りも同じ回数が加わるので、合計1000回。疲労を分散させる意味でも、左右均等に振るのは、効果があります。

逆に振るのは、慣れていないとなかなか難しいものです。しかしうちで2年半、左右同じ回数を「本気で」振った選手は、卒団する頃には右打ちなのか、左打ちなのか、どちらかわからないくらいに逆でもきれいにスイングするようになります。左右を上手に振ろうとするのは、脳や神経回路の発達にも役立ちます。ぜひ、全国の球児のみなさんにも「素振りの時は左右、同じ回数を振る」ことを試してみてほしいと思います。

バッティングマシンを使った練習
――変化球は遅い球だと思え

うちには3台のバッティングマシンがあります。そのうち2台はゲージで行うフリーバッティングに、1台はバント練習に使用しています。

ゲージは3つ設置し、

①ホイール式マシンで変化球打ち
②アーム式マシンでストレート打ち
③選手による手投げ

この3カ所を巡りながら、選手たちはバッティング練習を行います。

①は右投げ、左投げそれぞれの変化球（カーブ）をイメージしたバッティング練習となります。カーブ打ちの指導として、あまり難しいことは言わないようにしています。選手たちに言っているのは、右ピッチャー対右バッターなら「カーブが曲がっていく方向に打ちなさい（つまりライト方向に打つ）」、右ピッチャー対左バッターなら「カーブが曲がってくる方向に打ち返しなさい（つまりレフト方向に打つ）」ということくらいです。

基本的にフリーバッティングでは、選手たちに気持ちよく打ってもらうことに主眼を置いています。とくに下級生のうちは、カーブなどの軌道に目と体を慣らしてくれるだけで十分です。

手投げのゲージでは、投げ手の選手が速いボールを投げる日もあれば、山なりのスローボールを投げる日もあります。山なりのスローボールを打つ時は、「できるだけ重心をためて、逆方向に打つ」ことをテーマとします。変化球を意識しすぎると試合の打席で混乱して、バットが振れなくなってしまう選手も出てきたりします。だから、そうならないように私は、

「変化球は遅い球だと思え」

と伝え、選手たちをシンプルな考え方に導きます。そのための意識付けとして、山なりのスローボールを打つ練習を取り入れています。

ゲージのフリーバッティングとは別の場所に、もう1台のバッティングマシンを設置し、そこではバントやスクイズの練習をします。

選手たちは「ランナー一塁の送りバント」とか「セーフティーバント」とか「スクイズ」と自ら宣言して打席に立ちます。それぞれに目的を持って、バントの練習にも取り組んでもらっています。

バントの仕方としては、右バッターの場合、右手はバットの芯のちょっと下、左手はグリップの下、拳ひとつ分ほど空けたところを持つように指導しています。また、他ではあまりこのような指導はしていないと思いますが、うちではその際の右手は、人差し指と親指だけでバットを握るようにと教えています（親指が上、人差し指が下に来る。その他の指はバットに隠れるように添える）。すべての指でバットを握ると、ボールが当たった時にケガをする確率が高まるので、その確率を少しでも下げるべく、少ない指でバットを握るように教えています（バントが上手になってきたら、好きなように握っていいとも教えています）。

ゲージでの打撃練習はあまり細かいことは言わず、
気持ちよく打ってもらうようにしている

また、バットを握った右手は目の高さに来るようにします。バントの構えはやや屈んだ体勢となるので、こうすることでバットの位置がストライクゾーンの高めいっぱいとなります。つまり、バットから上に来たボールには手を出さず、バットより下に来たボールにだけ対応するという目安にするのです（低めにボールが来たらバットだけを動かすのではなく、膝を曲げて対応する）。

構えた時の左足は、三塁側にやや開いた状態になるようにします。バントをする際も「タイミングを取る」ことは重要なので、「下半身でも上半身（腕や手）でもいいので、動かしたり揺らしたりしてタイミングを取るように」と教えています。

これが浦和ボーイズのバントの基本ですが、うまくできるようになった選手には、構え方なども「自分の好きなようにしなさい」と言っています。

ピッチャーに「コントロールをよくしろ」とは言わない
――選手がよくならないのは、選手自身ではなく指導者の責任

うちの守備のポジションは、基本的に希望制によって成り立っています。だから、

選手がやりたいというポジションを守ってもらいます。それはピッチャーに関しても同じです。

近年は1学年50名前後が多く、そのうちピッチャーを希望する選手は20名程度います。3学年合わせれば、ピッチャーだけで60名ほどになります。

そんなにたくさんのピッチャー希望者がいるなら、メンバーを少し絞ったほうがいいのではないか。そのように思う方もたくさんいらっしゃると思います。でも私は、その選手がピッチャーに向いていないとしても「他のポジションに行け」とは絶対に言いません。

選手たちはまだ中学生です。基本的にやりたいポジションをやればいい。もしかしたら、中学時代にぱっとしなくても、高校で素晴らしいピッチャーになるかもしれません。またそれとは逆に、高校に行ってからピッチャーができなくなってしまう選手も出てくるかもしれません。それならば、せめて中学のうちは本人のやりたいように、のびのびとやらせてあげたい。それが私の思いです。

希望制でピッチャーを募っていますから、コントロールの悪いピッチャーもたくさんいます。でも私は、そんなピッチャーに対して「コントロールをよくしろ」とは絶対に言いません。

ピッチャーに対して「コントロールをよくしろ」と言ってしまうと、思いっきり投げることをやめ、いわゆる「置きにいくピッチング」をするようになります。

私の経験上、「置きにいくピッチング」をするようになった選手は成長しません。だから私は、「コントロール」のことは口にしないのです。

コントロールの悪いピッチャーに対して私は、姿勢やフォームといった体の動きの面でのアドバイスをするようにしています。

「真っすぐ立てていないから、いいボールが行かないんじゃない?」

「踏み出す足の位置が悪いんじゃない?」

「手の上がるタイミングと足が出ていくタイミング、それが合っていないんじゃない?」

そうやって、体の動きを確認しながら、「では、どういう練習をしていけばいいのか?」を選手と一緒に考えていきます。

バッティングにしろ、ピッチングにしろ、その選手がよくなっていかないのは、決して選手が悪いわけではありません。すべての責任は、その選手をいい方向に導いてあげられない指導者にあります。しかし、世の中には「結果が出れば指導者の力、結果が出なければすべて選手のせい」にしてしまう指導者が、残念ながらあまりに多すぎます。

指導力のない指導者は、いつまで経ってもコントロールのよくならないピッチャーに対して「ピッチャーはあきらめて他のポジションをやれ」と言います。でも、その選手は今コントロールが悪いだけで、高校に行ったらコントロールがよくなるかもしれません。そういった可能性もすべて否定して、今の状態だけでピッチャーをやめさせるのは、その選手にあまりにも酷です。

ピッチャーをやめさせないまでも「コントロールをよくするために横から投げろ」とか「ストレートは打たれるから変化球投手（技巧派）になれ」と言うのも、目先の勝ちにこだわる短絡的な指導者のエゴにすぎません。

「未来ある中学生の可能性を、いかに引き出していくか」

それが、私たち少年野球界に携わる指導者のなすべきことだと考えます。

野球を頭で理解することも自信になる
――勉強会で「配球の基本」を全選手で考える

野球は体を使う練習だけでなく、頭を使う練習もあります。うちでは、雨の日などに勉強会を開き、頭を使う練習をしています。

体力や技術力といったものはもちろんですが、知力も野球には欠かせない「力」です。つまり野球を頭で理解すれば、それも選手にとっての自信につながります。

野球は複雑なスポーツですが、それを数値化してわかりやすく説明してあげると「野球というゲーム」の肝を中学生の選手たちも理解してくれます。

私は勉強会でまず、

- アウトのカウントは3パターン（ノーアウトから2アウトまで）
- ボールのカウントは12パターン（ノーカウントから3ボール2ストライクまで）
- 走者のパターンは8パターン（ランナーなしから満塁まで）

を選手たちと確認します。そして、これらを組み合わせると、試合中に現れるパターンは3×12×8＝288通りになります。逆に考えれば、この288通り以外のパターンは試合で起こりえないということです。それを選手たちに、まず理解してもらいます。

そこから次に、配球へと講義を続けます。配球に正解はありませんが、基本的な考え方は理解しておく必要があります。

結果論で配球を語るのではなく、「なぜ、その球を選んだのか」の理由付けがなければいけません。その理由、根拠を考えるために、基本的な配球の考え方が必須となります。

うちでは、配球に関する考え方をバッテリーだけではなく、全選手に説明しています。そうすれば、勉強会で学んだことを全選手が打撃にも生かせるからです。

バッテリーの考える配球は、次の3つが軸となって編み出されます。

①ピッチャーの視点に立った配球（得意な球種、体力、性格、その日の調子など）

②バッターの特徴を考えた配球（どういうバッターなのか）

③その時の状況を踏まえた配球（288通りのどのケースなのか？　相手はどういう戦術を取ってきそうなのか？）

この3つを軸に、ピッチャーもバッターも配球を考えていきます。
①の視点に立てば、「今日はアウトコースの真っ直ぐがいい」となると、決め球はアウトローのストレートになるでしょうし、カーブの得意なピッチャーならカーブが決め球となるはずです。そういったことをベースに、②③を加味して配球を考えていきます。
②に関していえば、例えば「バットを立てて構えているのは、長距離ヒッターが多い」「バットを寝かして構えているのは、アベレージヒッターが多い」「初球から打ってくる」「選球眼がいい」「変化球に合っていない」「インコースは必ず振ってくる」といったバッターの特徴、傾向も配球の対策になります。
打席のピッチャー側に立っているバッターは、変化球が嫌なのかもしれない。逆に、キャッチャー寄りに立っているのは、ストレート狙いかもしれない。そういったことも、キャッチャーなら加味して考える必要があるでしょう。
③は、その時の状況から常に判断します。1アウト、ランナー一塁。バッテリーなら、相手は送りバント、盗塁、どちらで来るのかを考えます。バントをさせるのであれば、どちら側に転がさせるのかなども考慮した配球が必要です。バッターな

ら、逆に「だったらどのコースにどの球種が来るか」を考えるといいでしょう。

こういったことを綿密に考えて実践するのは、中学生レベルではなかなか難しいものです。でも、知らないのと知っているのとでは、選手たちの対応力が違ってきます。試合で配球を読んで成功を収めれば、それは選手たちの自信になり、それはその後もっと深く配球を考えていくモチベーションにもなります。

グラウンドで練習する以外にも、選手たちを上達させる方法はいくらでもある。中学の2年半という限られた時間を有効に使い、選手たちの「野球の知力」を上げることは決して無駄ではありません。だから私たちは、野球のいろはを勉強会で教えるようにしているのです。

ゴロ捕球の基本は「二等辺三角形」で捕る

先に述べましたが、うちの守備のポジションは希望制です。ピッチャーも含めて、本人のやりたいところをやってもらっています。

理由は簡単。本人が「やりたい」と思うところをやらせてあげたほうが、モチベーションが上がるからです。ただ、最終学年の3年生チームとなり、「このポジションが手薄だな」と感じたら「ちょっとこのポジションをやってみないか？」と選手に提案することはあります。

また、その選手が高校でも野球をやることを考え「今のポジションより、こっちのほうがいいな」と思えば、それも選手にちゃんと伝えるようにしています。希望制を取り入れつつ、常に適材適所の配置も考えていますが、いずれにせよ選手に「このポジションを守れ」と無理強いすることは絶対にしません。

どこを守るにしろ、選手たちには守備の基本をしっかりと覚えてもらうようにしています。そのために、基本練習にもたっぷりと時間をかけます。

ゴロを捕る際の基本姿勢は写真①の通りです。両膝は外側を向くように曲げ、左足は踵から入り、捕球の瞬間に合わせてつま先部分が着地するようにします。

この際気を付けてほしいのが、打球に対して体が正対（両足を結ぶ線が打球に対して直角）しないようにすることです。体が打球に正対してしまうと、その後の動作に移りにくくなってしまいます。浦和ボーイズでは、打球を捕る時は写真①にあ

①ゴロを捕る時、両足は打球に正対せず、左足がやや前、写真のような二等辺三角形になる

②捕った後、足の運び方は左足の前に右足が来るようにステップするのが基本

③左足の前に右足が来るようにステップすれば、その後強いボールが投げられる

るように左足がやや前、打球に対して正三角形ではなく、二等辺三角形の線上に足が来るように指導しています。

ゴロを捕った後は写真②のように、右足が左足の前に来るようにステップし、その後送球（写真③）となります。高校、大学くらいになれば、技術的にも、体力的にもバックステップ（右足が左足の後ろに来るステップ）は可能ですが、中学生は強いボールを投げるために、まず基本的な動きを体に染み込ませる必要があります。ですから、写真①から③までの動きがしっかりできるよう、徹底して練習します。

ちなみに、うちではゴロ捕球の基本練習をする時は「板」と呼ばれる道具を使って練習します。右ページの写真で選手が手にはめているものがそれですが、実はこれは100均ショップで売っている園芸用の膝当てです（写真④、⑤）。

ゴロ捕球練習専用のツールとして、このような板状の道具はいろいろと販売されていますが、機能的には何も変わらず、しかもふたつで100円ととても安く買えるので、練習用で使うならこれがおすすめです。

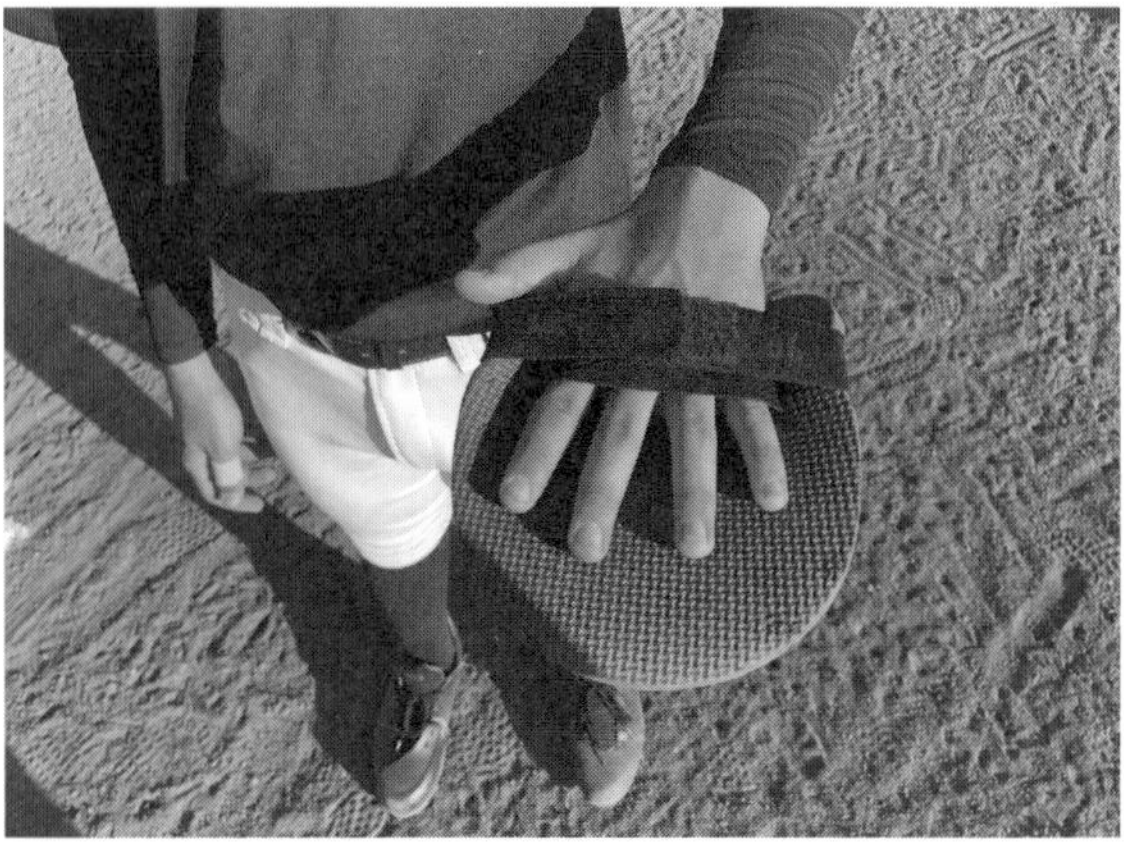

④ゴロ捕球の基本練習をする際に用いる「板」と呼ばれる道具。マジックテープで手にはめる

⑤浦和ボーイズでは100均ショップで売られている園芸用の膝当てを使って練習している

盗塁のリードとスタートの基本

浦和ボーイズの走塁練習はベースランニングだけでなく、ケースノックやゲーム形式のフリーバッティングでもランナーを入れて、より実戦に近い走塁を学ぶようにしています。

また、基本中の基本である走り方の理屈、足の運び方の理屈などもしっかり説明をして理解してもらいます。このような走塁の基本は、1年生の早い段階で覚えてもらうに越したことはありません。それは盗塁に関しても同じです。

盗塁の時のリードの幅は、選手によって異なります。うちでは盗塁を指導する際、まず「自分にとっての最低限のリード幅」を各選手に理解してもらうようにしています。

最低限のリード幅、それは写真⑥にあるように「うつぶせで右手を伸ばした状態」で確認します。この時の両足の位置が、その選手にとっての最低限のリード幅となります（足の位置に線などを引くとわかりやすい）。

次に立ち上がり、リードの体勢を取ります（写真⑥の両足の位置に左足を置く）。この位置なら、倒れるだけで一塁ベースに帰塁できます。つまり、この位置がどの選手にとっても最低限のリード幅となります。

帰塁の際、忘れないでほしいのが、ベースには手の平でタッチするということです（写真⑦）。指先から帰塁すると突き指してしまう可能性があります。ケガを防止する意味でも「帰塁は手の平でベースにタッチ」を忘れないでください。

最低限のリードの幅がわかったら、あとは各自でその幅がどこまで広げられるのかを練習で試していきましょう。うちの選手では、最低限のリード幅から一歩分加えたくらいが一番多いリード幅です。

またこのリードを教える際、私は「リード幅が広ければいい」とは言いません。リードが小さければピッチャーは警戒せず、牽制も投げてきません。ということは、リード幅の大きい選手よりも小さい選手のほうがピッチャーは無警戒ですから、早くスタートが切れるということです。だから私は「リード幅が小さくても盗塁はできるよ」と選手たちに教えています。

⑥一塁と二塁を結んだライン上に寝転がり、手を伸ばした状態の距離が最低限のリード幅となる

⑦帰塁の際は、手の平でベースにタッチする。指先から帰塁すると突き指の原因となる

リードの時、左足は一塁と二塁を結んだライン上に、右足はやや後ろに引いた状態に置きます（写真⑧）。右足をやや後ろに引いた状態にするのは、スタートを切って左足を踏み込んだ際に、二塁への最短距離に左足を置くためです。

スタートを切る時、第一歩目が右足のタイプ（写真⑨）と左足のタイプ（写真⑩）がいます。自分がどちらのタイプなのかを、あらかじめ認識しておくことも大切です。右足から行くタイプで、足を一塁ベース側へ半歩引いてしまう選手がたまにいます。これでは半歩分無駄になってしまうので、二塁方向にしっかり足が踏み出せるよう修正が必要です。

ちなみにうちで盗塁のサインを出した時、バッターは「打っていい」が基本です。つまり、ランエンドヒットです。ストレートのストライクなら打っていいし、ボール球や変化球なら見逃す。これを基本としています。完全に盗塁狙いの時は、バッターに「待て」のサインを出します。

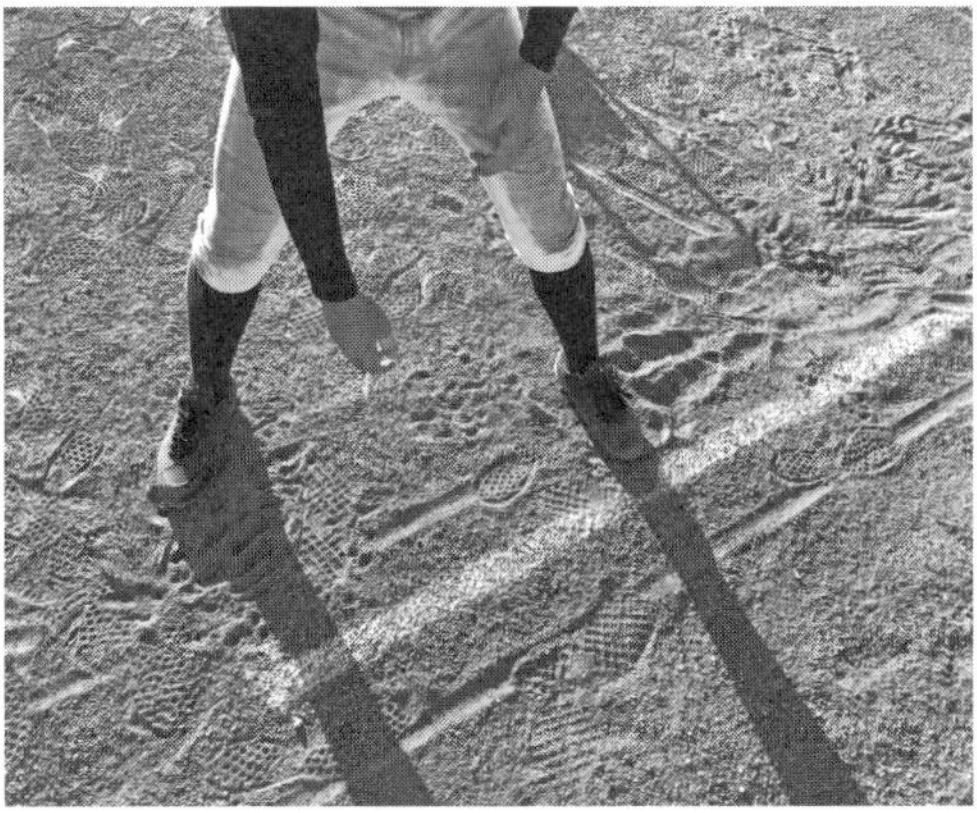

⑧リードの時の足の位置は左足がライン上、右足はやや後ろに引いた位置に置く

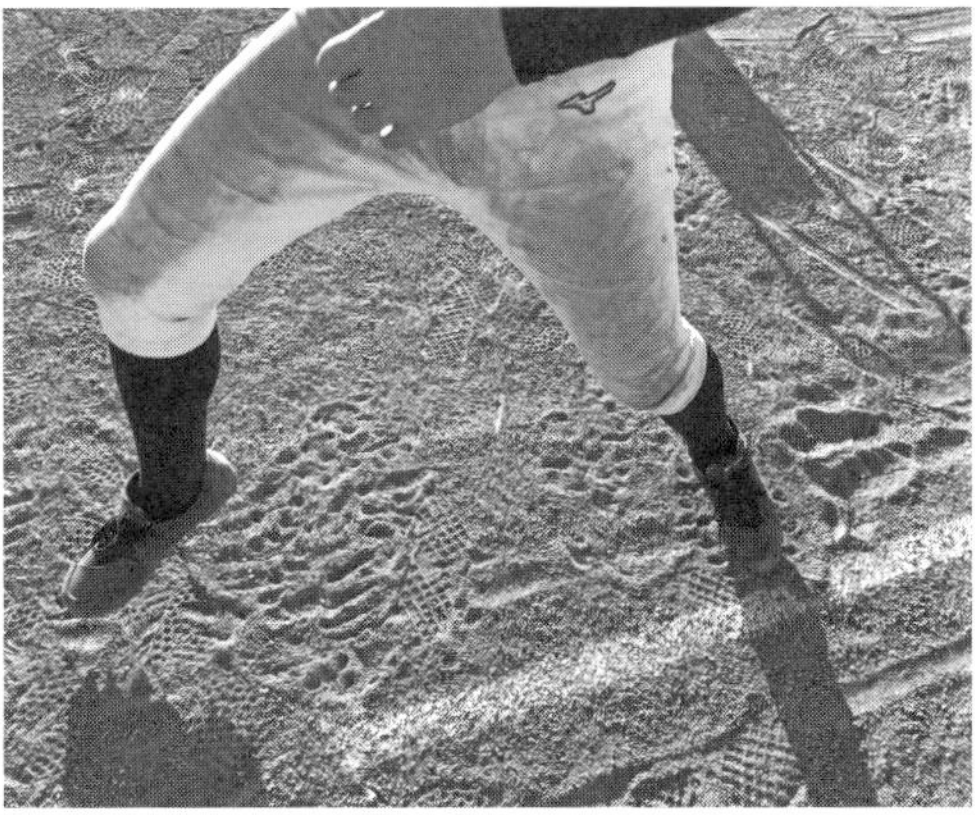

⑨右足から踏み込むタイプは足を半歩引いてしまうタイプもいるのでそうならないよう気を付けたい

⑩左足から踏み込むタイプは、着地した時の足が二塁への最短距離の位置になるようにする

第6章

これからの中学野球を考える

私たちのチームの部員数が増え続けている理由
——おもてなしの心

近年、部員数が100名を超える状態が続いているため、「浦和さんはすごいね」と言われることが増えました。

野球人口の減少が叫ばれて久しいですが、そんな状況の中で部員数を増やそうと思ったら、選手や親のニーズに応えていくほか道はありません。ですから、浦和ボーイズでは「選手を第一」に考え、ここまでご説明してきたように、すべての選手に試合に出てもらうようにし、髪型も自由にし、保護者の当番制、係なども設けずにやってきました。

このような運営方法は、ちょっと考えれば誰でも思い付くものばかりです。しかし、少年野球界でうちのような運営方法を取っているチームはまだ少数派です。

一般常識に照らし合わせ、「部員数を増やすには、どうしていけばいいのか?」を考えれば自ずと答えは導き出されるはずです。それなのに、旧態依然とした考え方にこだわり、運営方法を変えようとしないチームがあまりにも多い。このような状況では、日本のスポーツ界から野球だけが取り残されてしまいます。

うちは、私と会長の宍戸で立ち上げたチームです。チームを創設した責任者として、選手たちには「浦和ボーイズに入ってよかった」と思ってもらえるように、最大限努力しないといけないといつも肝に銘じています。

チームを運営するにあたり、私たちスタッフは報酬をいただいているわけではありません。完全なるボランティアですし、うちは利益を追求する団体でもありません。しかし、選手数を増やすという意味において、チーム運営は会社運営に近いものがあると感じています。

選手や保護者は、入るチームを選べる立場です。それぞれのニーズに合ったチームを探し、そこに入部する。だからうちでは、選手や保護者を「お客様」と捉えるようにしています。選手の数を増やしていくには、私たち運営側が「顧客満足度を上げるには、どうしたらいいのか」を考えなければなりません。要は、令和という時代の選手と保護者のニーズを探り、その要望に応えたチーム運営をしていくわけです。

宍戸は私に「監督は会社の社長と同じなんだから、一番苦労しなきゃダメだよね。だから中山ももっと仕事をしないと」とよく言います。私の仕事の成績がよくなければ、選手の数は減っていくことでしょう。だから顧客満足度を高めるべく、私はもっと仕事をしていかないといけません。

私の仕事の成績の良し悪しは、他のチームの監督のような「勝ち負け」ではなく、「選手と保護者の満足度」にかかっています。

部員数が少ないと嘆いているチームは、「選手と保護者の満足度」を上げることを第一に考えてみてはいかがでしょうか。「俺たちが教えてやっているんだ」「俺が勝たせてやった」と指導者がふんぞり返っているだけでは、部員数は減っていく一方です。おもてなしの心を持って、選手と保護者を迎える。そういった姿勢が、引いては球界を盛り上げることにつながると私は信じています。

中学時代は引き出しを増やす時期

ロサンゼルス・エンジェルスの大谷翔平選手の打順は、2番が多かったことをみなさんもご存じだと思います。

近年、メジャーやプロ野球では、一番いい打者を「2番」に置くパターンがとても増えました。私自身、監督としてその考え方を取り入れたりもしています。また、打率のいい選手から順に、1番から打順を組んでいくようなやり方を選択する時もあります。

最近は、「バント不要論」を標榜する指導者も多くなってきていますが、バッティングは水ものなので「ここで1点が欲しい」という重要な局面では、バントやスクイズは必要な戦術だと思います。

私は、何かひとつの考え方に囚われるということはありません。だからチームの采配にしても、オーソドックスな戦術を大切にしつつ、新しい考え方も随時取り入れています。その状況に応じて、どうしたら点が取れるのか、どうやれば勝てるのかを多角的にいつも探っています。

うちの選手たちが高校に行って困らないように、基本的なプレーはすべてできるようにしてあげることが私の使命です。そのためにはバントのやり方もそうですし、内野のフォーメーションなども選手のレベルに合わせて細かく教えています。

セカンドへの牽制にしても、二遊間の能力が優れていれば何種類も教えてあげることができますが、入部したばかりの1年生にいきなり「数種類覚えろ」と言っても無理な話です。何事も一つひとつ、地道に積み重ねていくことが大切です。

私には、高校時代に竹田先生から教えていただいた野球の知識がたくさんあります。竹田先生によって、引き出しをたくさん作ってもらったといってもいいでしょう。だから私は今、うちの選手たちの引き出しを増やす作業を毎日続けています。

中学時代にある程度引き出しの数を増やしておけば、高校に行って困ることはありません。うちの選手たちには、進んだ高校でさらにその引き出しの数を増やしてほしい。大学野球で活躍している選手は、引き出しをたくさん持っています。大学野球は、それぞれの選手が自分の中にある引き出しをフル活用して勝負します。つまり、高校時代までにいかに引き出しを多く作っておくか。大学野球、社会人野球、プロ野球へと進んでいくためには、それが肝心なのです。

全国大会出場を実現させるための「目標の立て方」

第2章でお話ししたように、私が高校球児だった頃、竹田先生が組む練習メニューはとても先鋭的でした。しかし、昭和のスパルタ全盛の時代でしたから、指導は厳しく、練習時間も長く、入学したばかりの頃は「なんでこんなところに来てしまったんだ」と後悔ばかりしていました。

ではなぜ、当時の私たちがそんなつらい日々を乗り越えることができたのでしょうか？　その理由はただひとつ、「甲子園」という目標があったからにほかなりません。厳しさ、苦しさを克服するためには、大きな目標が必要です。高校時代の私も甲子園という目標がなければ、あんなにがんばることはできなかったと思います。

ただ、目標を立てる上で注意しなければならないことがひとつあります。大きな夢を描いたとしても、その目標があまりにも突拍子のないものであれば、それはまさに絵に描いた餅で終わってしまいます。

大きな目標、高いレベルの目標を立てることはとても大切ですが、そこに行き着くための「細かい目標」「具体的な目標」を立てることも忘れてはいけません。

浦和ボーイズでは、新チームとなった2年生の秋にミーティングを開き、そこで選手たちに「君たちの目標は何だ?」と問いかけます。

選手たちは、「全国大会に出たいです」「全国優勝です」と答えます。そこで、私は次のステップを説明します。

「では、その大きな目標を成し遂げるために、具体的に何をしていけばいいと思う?」

具体的な目標は技術的なことでもいいでしょうし、体力的なことでもいいでしょう。「あいさつを一生懸命やります」とか「準備を怠らないようにします」といった、日常生活に関する目標もあっていいと思います。

ミーティングではまず、個人の目標をそれぞれに立てさせて、その後に「チーム全体の目標」をみんなに考えてもらいます。個人にしろ、チームにしろ、目標を立てる時に肝心なのは、

「大きな目標と小さな目標」

をともに考えることです。すべては、そこからスタートします。

浦和ボーイズは、まだ全国大会に出場したことがありません。でも以前、大宮県営球場で行われた全国大会のお手伝いに参加したことはあります。

試合前、試合後のグラウンド整備やベンチの片付けが私たちの仕事でした。でも、試合後のベンチを覗くとゴミは置いて帰る、周囲の人たちへのあいさつなどのマナーもなっていないなど、「え、これで全国レベルといえるの？」と疑問に思うことばかりでした。

うちの選手たちは、ゴミは拾っても置いて帰るようなことは絶対にしません。選手一人ひとりの人間力は、全国レベルだと思っています。だからこそ、浦和ボーイズの選手たちと全国大会に出て「野球だけうまければいいというものではない。人間力も大事なんだ」ということを証明したい。それが私にとっての今の夢であり、目標でもあります。

野球の楽しさとは何か？

大所帯の浦和ボーイズですが、私は何も選手数100名超えをいつも目指しているわけではありません。1学年で12～13名の選手がいれば、それぞれの学年でチームを作ることはできますから、そのくらいの人数がいれば十分だと思っています。でも、気付けば毎年、50名前後の選手たちがうちに入ってきます。これだけの選手がうちに集まるというのは、先に述べた「選手と保護者のニーズに合わせたチーム運営」をしているからなのでしょう。ただ、理由はそれだけではないと私は考えます。うちにこれだけ選手が集まるのは、他の硬式チームに「楽しく野球をやるチャンスが少ない」からだと思うのです。

学童野球をプレーしている小学生たちにとって、ボーイズやシニアなどの硬式野球クラブチームはどうも〝敷居が高い〟ようです。

「技術、体力がなければ練習についていけない」

「うまくなければ試合に出られない」

「子供だけでなく、親にも相当の負担がかかる」

たしかに、そのような運営をしているチームはたくさんあります。だからこそ、それらすべての逆を行っている〝敷居の低い〟浦和ボーイズに選手が集まってくるのです。

本書の中で繰り返しご説明してきましたが、うちにはすべての選手が試合に出るチャンスがあります。すべての選手が同じ練習に取り組みます。きつければ練習中に抜けるのもＯＫ。私たち指導者は、選手たちに「野球の楽しさ」を知ってもらいたい一心で、真剣にチーム運営に取り組んでいます。

そもそも、「野球の楽しさ」とは何でしょうか？　勝つことは大切ですが、野球の楽しさはそれだけではないはずです。

「できなかったことができるようになった」

「知らなかったことを教えてもらい、知識が増えた」

「結果が出なくても、練習に取り組む姿勢をほめてもらえた」

選手たちはそういったことを経験しながら、いろんな「野球の楽しさ」があることを知っていきます。

少年野球の指導に携わる方は日本にたくさんいらっしゃると思いますが、これ以上野球人口を減らさないためにも、まずは指導者が今という時代にふさわしい教え方をしているのかどうか、その検証をするのと同時に、最新の野球理論、指導論をもっと勉強すべきだと思います。そのことに関して、次項でもう少し詳しくお話ししていきます。

指導者こそ、レベルアップしよう
——野球は、人生をよくするための手段である

今の野球界には練習方法にしろ、野球の技術論にしろ、小・中学生の教育論にしろ、コンディショニング論にしろ、いろんな考え方があります。アマチュア野球界にはまだ正式な資格制度が義務付けられていない分、私たち指導者自身が率先して最新の情報や知識を学んでいく必要があります。

私は、自分のやっている指導が合っているか、正しいかを検証するために、さま

ざまな本を読み漁り、アンテナを張り巡らせて興味のある講演や講習があれば随時受けに行っています。情報収集、勉強をしながら「大丈夫だ。間違っていなかった」と再確認することもあれば「そういう考え方、やり方もあるのか」と新たな考え方や指導法に目覚めることもあります。

自分の考え方をアップデートせず、過去やってきたことだけで指導を続けても、それは選手たちを不幸にするだけです。

「肩や肘を故障し、速いボールを投げることができなくなった」

「厳しい指導が続き、野球が嫌いになってやめた」

指導者がちゃんと指導法を学んでいけば、このような選手を生み出すことは避けられます。だから、指導者のレベルアップは絶対に必要なのです。

「うちのチームの監督は元プロ野球選手です」

たしかに、素晴らしいと思います。でも、そういったチームを見ていると、野球の技術的な指導はできていますが、人間的教育はまったくできていないところが多いと言わざるを得ません。

「野球だけうまければいい」と育てられた選手たちは、社会人となった時に「自分には野球以外何もない」ことに気付きます。私は、自分のチームからそのような人間を生み出したくありません。だからうちでは、「希望の高校に行くために、一生懸命勉強もしなさい」と教えます。社会の常識、マナー、人を思いやる気持ち、そういったことも含めて、選手たちの人間力を高めることに腐心しています。

苦労を知らない人間は、世の中の苦労も理解できません。選手たちには「野球と勉強を両立しなさい。今は大変かもしれない。だけど、大人になった時に振り返れば、中学生の頃の苦労など小さなことだと感じるはずだ。でも、そういった小さな苦労の積み重ねが、大人になった時の苦難を乗り越える力になるから……。『あの時、やっといてよかったな』と絶対に思えるから……。だから今、たくさん苦労しなさい」と教えています。

野球をする子供たちすべてが、プロ野球選手になれるわけではありません。また、すべての選手が高校野球や社会人野球の指導者になれるわけでもありません。だとするならば、野球をする選手たちは、いずれこの社会の中で「自分の生きる道」を見出していかなければならないわけです。

学童野球も、少年野球も、高校野球も、選手の自立を促すために存在しています。

野球は、人生をよくする手段であって、勝つことが最終目的ではないのです。アマチュア野球に携わるすべての人たちに、そのことをもっと真剣に考えてほしいと思います。

球児と保護者のみなさんに伝えたいこと

野球をしているお子さんをお持ちの保護者の方々に、ひとつだけお願いしたいことがあります。それは、「お子さんの前で指導者を否定しない」ということです。

練習から帰ってきたお子さんが、指導者のことを否定したとします。その時、どんなに指導者が間違っていたとしても、お子さんと一緒になって指導者の否定をすることはやめてください。もし言いたいことがあるのなら、それは指導者に直接伝えるようにしてください。

お子さんが「こんなふうに指導者から言われた。むかつく」と言ったとします。そこで「そうなの、ひどい監督だね」と一緒に指導者を否定するのではなく、「監督はあなたにこうなってほしいから、そういう言い方をしたんじゃないの?」と、保護者のみなさんには指導者寄りの視点を持ってほしいのです。

親が「そうなの、監督はひどいね」と同意することばかりを続けていると、いつまで経ってもお子さんは成長しません。もちろん、世の中には本当にひどい指導者もいますから、そういった場合はチームをやめればいいと思います。でもそうではなく、保護者の方が指導者のことを少しでも理解できるのであれば、子供の自立を促すためにも、指導者側に立った助言をしていくべきだと思います。

最近は、子離れできない保護者の方々も多くお見かけします。お子さんがかわいいのはわかりますが、子の成長を願うのであれば、少しずつ子離れしていくことも大切です。

球児のみなさんに対しては、指導者に対してだけでなく、その他の大人に対しても、「嫌なことは嫌と言える人間」になってほしいと思います。これは本書で繰り返し述べてきた「自立」につながるものです。

「嫌なことは嫌と言える人間」とは、練習がきつくて嫌だとか、気に食わないから嫌だとか、そういったことを「嫌だ」と言う意味ではありません。私が言いたいのは、「自分の意見をどんな人にも、はっきり言える人」「間違っていることを間違っていると、はっきり言える人」のことです。

「これをやれ、あれをやれ、いいから俺の言う通りにしろ」

このような高圧的な指導者の言いなりになって練習していても、野球はうまくなりませんし、人間的にも成長できません。野球は考えるスポーツであり、判断力が必要とされるスポーツです。自分で考え、意見する力が重要なのです。だからこそ、指導者に対しても意見できる人になってほしい。もっといえば、指導者とそのような関係性が作れるチームで野球をしてほしいと思います。

いいチームを見分けるポイント

「いいチーム」とひと言で表しても、その意味合いは人によって違ってくるでしょう。なのでここでの「いいチーム」の定義は、本書でご説明してきた「楽しく野球のできるチーム」、さらに前項で触れた「選手が指導者に意見を言えるようなチーム」とします。

そのチームがどういうチームなのかを知るには、練習を見学したり、あるいは体験練習に参加したりする方法があります。ただ、一度体験に参加したくらいでは、なかなかそのチームの本質的な部分までは見抜けません。そこで本章の最後に、私の考える「いいチームの見分け方」をご説明します。

練習を見学したり、体験に参加したりした際に、疑問に思うことがあれば指導者にどんどん質問するべきです。もしそこで指導者が面倒臭がったり、答えを濁したり、説明を避けたりしたら、そのチームは「怪しい」と思っていいでしょう。

外見的な部分でいえば、指導者がユニフォームをちゃんと着ているかどうかもポイントです。だらしのない格好で指導しているスタッフがいるようなチームには、行くべきではありません。

グラウンドにゴミがたくさん落ちているようなチームも、ろくでもないところだと思って間違いないです。指導者がゴミを拾わなければ、選手も拾いません。気付きのない指導者に、気付ける人間が育てられるでしょうか？　答えは、推して知るべしです。

選手たちがアップしている時、指導者がその場にいない、選手を見もせずほったらかしというチームもあまりおすすめできません。

練習中の声がけでも、選手の悪口ばかり、マイナスな言葉ばかりを口にする指導者も、時代遅れの何の勉強もしていない指導者といえるでしょう。

選手たちが楽しそうに練習しているからそれでいいかといえば、決してそんなこともありません。先に述べたゴミが落ちているようなチームはダメですし、道具やバッグが散乱しているようなチームも規律ができていない証拠です。

また、休憩中の選手や指導者の様子に、そのチームの本質が出るのでしっかり見ておくことをおすすめします。

休憩中は選手が楽しく遊び、指導者はそれを邪魔することなく静かに見守っている。そのようなチームは、いいチームだと思います。典型的な悪い例は「休憩中、指導者は部屋にこもったり、どこかに行ったりしてグラウンドにいない」というチームです。選手をほったらかしにして平気なチームになど、絶対に入ってはいけません。

選手と信頼関係が築けている指導者のまわりには、自然と選手が集まってきます。

そのチームの指導者が選手たちに囲まれ、楽しそうに話をしていたら、いい信頼関係が築かれていると判断していいでしょう。

私が球児のみなさんにお願いしたいのは、「素直に、謙虚に、一生懸命に練習に取り組みましょう」ということだけです。みなさんの「野球が好き」という気持を、より大きく育んでくれるチームと巡り合えるよう、心の底から祈っています。

おわりに——念ずれば花開く

毎年、秋口になると、夏に引退した3年生の中で進路の決まった選手たちが練習に参加するようになります。しかし、だいたいが練習に参加しても途中でふざけて遊び出したりして、私に雷を落とされます。ところが、2021年度の3年生たちは、例年の3年生とはちょっと違います。彼らは現役選手たちの邪魔にならないよう、しっかり考えて練習に取り組んでいます。

あれほど走るのを嫌がっていた彼らが、自ら進んで坂道ダッシュを繰り返しています。しかも、しっかりと目的を持って、楽しそうに練習しています。そんな彼らを見て、私は感心すると同時に、涙が出るほどうれしくなりました。

10月のある日、台風が来るかもしれないということで、練習終わりに私たちスタッフはグラウンドにある道具やマシンを避難させるため、トラックに積み込む作業を始めようとしていました。すると、何も言っていないのに、練習に参加していた3年生全員が駆け寄ってきました。

「どうした？」

「手伝います！」

私は、涙が出そうになりました。

本書でお話ししましたが、浦和ボーイズには父母会も当番も係もありません。できる限り、スタッフだけで雑用を済ませます。台風対策も、スタッフの手が足りない時は、保護者の方々が喜んで手伝ってくださいますが、当然私たちスタッフだけでやろうと思っていました。

それを察して、動いてくれた3年生たち……。

彼らの人間としての成長をしみじみと感じて、私はまた泣きそうになりました。彼らの成長に比べれば、チームの日常で起こる勝った負けた、レギュラーだ、補欠だ、といった問題のなんと小さいことか……。

野球は手段であり、その目的は自立や人間性の向上だと言ってきた私にとって、この3年生たちは全員レギュラーです。何も言われなくても気付き、瞬時に考え、行動に移せる。

これこそ私たちの、

「浦和ＰＲＩＤＥ」

だと思っています。

野球ではあまり勝たせてあげられなかった3年生ですが、人生においては勝者になれる選手たちです。まさに、彼らは私の誇りです。

勝利至上主義のチームは、試合に負けたら何も残りません。しかし、私が高校時代の恩師・竹田先生から教えていただいた「人間力の野球」「心の野球」は、試合に負けても、いや負けたからこそ、人間の根っこ（本質）の部分を育ててくれます。

だからこれからも、みんなで人間力を鍛えていきましょう！

嫌なことから逃げない強い心、相手を思いやれる心を育みましょう！

そうすれば、必ず目標に近づけると私は信じています。

私は『浦和ボーイズ通信』というブログを週に1回、更新しています。その都度、試合や練習で感じたこと、みなさんに伝えたいことを思いのままに記しています。

毎週、「今回のお題は何にしようか？」から始まり、「どうやって文字数を増やそうか」と思案します。でも、ものを書くのは嫌いではないので、2010年の3月からこのブログはずっと続いています。

書くことは苦にならない性分なので、チームの保護者に「物書きになりたいなー」と話したことが幾度かあります。その時は冗談半分、本気半分で言葉を発しましたが、今回こうして自分の本を出版できることになりました。

「念ずれば花開く」

私は、浦和ボーイズの選手たちにそう言い続けてきました。そして、それがうそではないことを、今回証明できました。

夢があるなら、恥ずかしがらずにそれを口に出していきましょう。周囲の人たちに、自分の夢を言い続けるのです。

念ずれば、花は開きます。

2021年11月

浦和ボーイズ監督　中山典彦

URAWA

全員補欠
全員レギュラー
少年野球界の常識を覆す育成指導論

2021年12月31日　初版第一刷発行

著　　者／中山典彦

発 行 人／後藤明信
発 行 所／株式会社竹書房
〒102-0075　東京都千代田区三番町8-1
三番町東急ビル6F
email：info@takeshobo.co.jp
URL　http://www.takeshobo.co.jp

印 刷 所／共同印刷株式会社

カバー・本文デザイン／轡田昭彦＋坪井朋子
カバー写真／土谷岳士
撮影協力／浦和ボーイズ（関口卓心・鈴木颯斗）
協　　力／浦和ボーイズ
特別協力／市村浩二
編集・構成／萩原晴一郎

編 集 人／鈴木誠
